Sabine Reinelt

Käthe Kruse

Leben und Werk

Weingarten

Meinen Kindern gewidmet, die
mich lehrten, wie eine Puppe sein
muß und was sie aushalten muß –
und die dann einiges wegen der
Puppen aushalten mußten...

Mein ganz besonderer Dank gilt
Frau Sofie Rehbinder-Kruse für
viele Gespräche, wertvolle Auf-
zeichnungen und Fotos aus der
Familie. Eine große Hilfe waren mir
auch die Unterlagen des Zürcher
Spielzeugmuseums (Stiftung Spiel-
zeugmuseum Franz Carl Weber)
und des Nürnberger Spielzeugmuseums. Mehrere Puppenfach-
leute haben mich sehr unterstützt.
Vor allem Frau Körle, die mir den
ältesten Katalog und viele schöne
Puppen zur Verfügung stellte.
Ebenso haben mir Frau Schweizer,

Frau Scheinhardt, Frau Heuss und
Frau Hähnel mit wichtigem Material
geholfen. Neben meiner eigenen
Sammlung konnte ich Puppen bei
Frau von Eicken, Frau Hauert, Frau
Hemptenmacher, Frau Jäger,
Familie Junkers, Frau Ludwig,
Familie Stalling (die auch mehrere
Kataloge zur Verfügung stellte) und
Frau Schweiger fotografieren. Frau
Hanne Adler-Kruse stellte die
Abbildungen auf Seite 55 und Seite
56 oben zur Verfügung. Allen, die
zum Gelingen des Buches beitrugen,
danke ich herzlich.

© 1984 by Kunstverlag Weingarten
GmbH, Weingarten
Satz: Fotosatz F. Riedmayer GmbH,
Weingarten
Reproduktion: repro-team gmbh,
Weingarten
Papier: Phoenix-Imperial holzfrei
original gestrichen Kunstdruck
halbmatt elfenbeinfarbig,
Scheufelen, Lenningen
Gesamtherstellung: Süddeutsche
Verlagsanstalt und Druckerei GmbH,
Ludwigsburg
Printed in Germany
ISBN 3-8170-1001-X

CIP-Kurztitelaufnahme der
Deutschen Bibliothek

Reinelt, Sabine:
Käthe Kruse: Leben u. Werk /
Sabine Reinelt. – Weingarten:
Kunstverlag Weingarten, 1984.
    ISBN 3-8170-1001-X
NE: Kruse, Käthe [Ill.]

Inhalt

Max Kruses Überzeugung:

„Jede Form erzeugt ein bestimmtes
Gefühl. Alle Form kommt von der
Hand und wendet sich an die Hand.
Die Hand geht dem Herzen nach.
Gefühl kommt von Anfühlen."

Käthe Kruses Folgerung daraus:

„Ein Kind braucht eine Puppe, die
es gerne anfühlt: weich, warm und
ohne harte Kanten. Dann entwickeln
sich die Gefühle von Geborgenheit,
Liebe und Umsorgenkönnen im
Spiel mit der Puppe."

Käthe Kruse mit ihren Töchtern Maria und
Sofie, etwa 1907. Maria lehnt sich an die
linke Schulter von Käthe

Instinkt, zäher Wille und „Liebesflügelstaub"

Käthe Kruse – was ist das Besondere an ihr, weshalb hat sie heute noch solch eine Ausstrahlung? Außergewöhnlich ist es ja nicht, daß sie Puppen machte – das taten viele. Es war eigentlich andersherum: Weil sie ein außergewöhnlicher Mensch mit sehr intensiven Gefühlen war, schuf sie zu einer Zeit, in der eine nie gekannte Fülle von Puppen fabriziert wurde, die einzigen wirklich kindgerechten Puppen – fast möchte ich sagen: die jemals erdacht wurden. Warum wurde gerade sie, warum zudem durch so etwas Kleines – oder ist es doch ein großer erhabener Gegenstand, wie sie einmal behauptete – so berühmt? Ihr ganzes Wesen hatte wohl das, wovon sie sagte, daß es zum Puppenmachen gehöre: ein wenig Liebesflügelstaub.

Sie war nicht nur ein Mensch mit einem starken sicheren Instinkt und vielen Talenten, sie war vor allem eine Frau mit einem liebesüberströmenden Herzen. Sie hat das Leben geliebt, hat einen großen, stumm einzelgängerischen Mann mit der Stärke ihrer Gefühle an ihrer Seite halten können, ihn noch einmal zum Oberhaupt einer geradezu chaotisch großen Familie gemacht,

hatte außerdem Platz in ihrem Herzen für viele Kinder, viele Menschen, viele Tiere – sie mußte geben, sich verströmen, war bei all dem sicher auch manchmal ungerecht, anstrengend, aber immer zugleich liebenswert und unwiderstehlich.

So geht der Gang der Geschichte und die Erinnerung an einzelne Menschen nun seine absonderlichen Wege: ein kleines glitzerndes Sternchen am Theaterhimmel Berlins verliebt sich in einen der großen Künstler und Erfinder der Jahrhundertwende – er ist berühmt, bedeutend, sie ein junges Mädchen, eine tabula rasa. Langsam vergißt die Welt Gedanken und Werke des verschlossenen großen Künstlers, aber weit über Europa und besonders in Amerika wird seine Frau ein Begriff. Sie hätte vielleicht auch eine Künstlerin werden können, aber sie wird „nur" eine Puppenmacherin. Sie leitet aus den großen Gedankengebäuden ihres Partners deren Bedeutung für die Welt der Kinder ab, nimmt Gefühle ernst, formt aus der Weisheit ihres Mannes etwas täglich Faßbares, Beglückendes.

Mürrisch, fast ärgerlich reagierte ihr großer Lehrer und Gefährte, als man

ihn im hohen Alter manchmal fragte: „Kruse? – sind Sie etwa mit der berühmten Käthe Kruse verwandt?" Er hatte ihr alle innere Führung gegeben, alles Wissen um die Zusammenhänge zwischen äußerer Form und Gefühl, das Ernstnehmen des scheinbar Unwichtigen und – endlich 1909 – auch seinen Namen. Jetzt erinnert man sich wieder *seiner* durch *ihre* Berühmtheit. Man hätte den Schöpfer des Siegesboten, den Verfasser einer überraschend modern anmutenden „Erziehung der Kinder zum plastischen Sehen", den Schnitzer ausdrucksvoller Holzbüsten beinahe vergessen.
Da aber das Werk Käthe Kruses nicht aus dem luftleeren Raum entstanden ist, ohne bestimmte Voraussetzung in ihrer Zeit und Umgebung nie erwachsen wäre, da man sich mit all den Fragen nach den Gründen, warum gerade dieser eine Mensch eine richtige Puppe schaffen konnte, neu beschäftigt, kommt plötzlich der große, fast vergessene Max Kruse wieder in das Blickfeld der Zeitgenossen. Und dabei stellt sich heraus: nicht nur Käthe Kruse ist eine überraschend vielseitige und sehr moderne Frau gewesen, auch ihr Mann war seiner Zeit in manchem so weit voraus, daß sie ihn vielleicht deshalb so wenig verstand und würdigte.
Max und Käthe Kruse, ihre Vorfahren und ihre Kinder – die teilweise die Last der Puppenlust mittragen mußten –, haben weit mehr zu bieten als das eine, das ihren Namen in alle Welt getragen hat: die Puppe.

Angefangen hat mein Interesse natürlich durch die Puppe, die mich als Mutter und Sammlerin anrührte. Je mehr ich aber von Käthe Kruse erfuhr und las, desto stärker entwickelte sich ein Gefühl überraschter, intensiver Zuneigung für diese Frau, die Normen versehentlich, ungewollt sprengte. Sie war keineswegs nur lieb, oh nein, aber sie konnte umwerfend lieb sein. Sie war eine kluge Geschäftsfrau, aber mit einem entwaffnenden Rest von Naivität förderte sie ihre Erfolge wohl am besten. Sie war selbst kein großer Künstler, aber sie erkannte genau, welche Form anderer sie nutzen konnte. Sie war nicht nur stark, ein rührendes Maß an Hilflosigkeit sicherte ihr im rechten Moment alle Unterstützung, die sie brauchte. Sie kannte und durchschaute ihre Schwächen, konnte gerade durch ihre offene Art, das Leben zu betrachten, sich immer ganz einzulassen, auch ausgezeichnet schreiben. Ihre Gedanken zu ihrem 50. Geburtstag scheinen mir so bezeichnend, so typisch, daß ich sie diesem Buch voranstellen möchte.

Reich war das Leben

Reich war das Leben immer, „nicht wahr? Auf der relativen Höhe des 50. wird man das unbedingt nun erkennen können. Manchmal sieht es kraus und wirr aus. Manchmal war es glatt grausam. Manchmal schien es, als ob die Gefühlsarmen und die Begriffsunfähigen doch kolossal im Vorteil seien, denn manchmal glaubte man am Ende zu sein mit der Kraft des Ertragenkönnens. Heute sieht man nur auf die besonnte, zerklüftete, durchtobte Landschaft zurück. Möchte man's noch einmal durchmachen müssen, – – – alles, alles, alles??? Das ist die große Frage, die allein eigentlich den Maßstab bildet. Bis jetzt hab' ich gesagt: nein! Heute, im Zurückblicken vom ersten wirklich großen Meilenstein, sag' ich, stutzig geworden: ich weiß es doch nicht. – – – Und ich habe einen Schwager gehabt, – viele ältere Leute werden ihn noch kennen, den Maler Oskar Kruse-Lietzenburg (gestorben 1919, der das Eiland Hiddensee für die Sehnsüchtigen entdeckte und als Bollwerk dafür die Lietzenburg draufbaute), der hat ganz kurz vor seinem Tode gesagt: ‚Kinder', hat er gesagt, ‚das Leben is so schön! – – – Und wenn ich's nochmal geschenkt kriegte, – – ich

möcht's genau so von vorne an noch einmal erleben.' – – Nun also, wer mir aus irgendeiner unverdienten Sympathie heraus zum 50. Geburtstag das Allerschönste wünschen wollte, der wünsche mir dies: von der Höhe des Lebens aus, unmittelbar vor dem Absprung, aus strahlendem Herzen sagen zu können: ach, gerne so genau noch einmal! Denn das würde bedeuten die wirkliche Höhe erreicht zu haben, bei klarem Wetter mit der ganz großen Übersicht!

Na aber also, so weit sind wir ja noch nicht. Ganz gut, daß wir noch nicht so weit sind. Einstweilen freut man sich nun auf das Weitergehen im reichen Herbst. Welcher Moment ist der schönere? Der April, der so blüht und sprüht und verspricht, oder der September, der nur darbietet? Ich war halt immer mehr ein Septembermensch. Also marsch nun, in den September des Lebens! Doch nicht in den November. Brrr. Hat man mir doch von verschiedenen Seiten her in diesen Tagen zum 75. gratuliert! Nein also bitte, das ist immerhin zwar nicht halb-, aber doch eben nur 2/3 so schlimm. Bin ich denn mitsamt meinen Puppenkindern nun schon so zur legendären Person geworden? Zum

Puppenmütterchen, das mit dem weißhaarigen Löckchenkopf wackelt? Also da muß ich ja lachen! Einer amerikanischen Zeitungsnotiz nach bin ich sogar schon gestorben und begraben. Ich glaub zwar nicht, daß ein Mensch, der sich so verschwendet ans Leben, wie ich es immer getan habe, ein so hohes Alter erreichen kann, ich weiß auch, wie gesagt, noch nicht, ob ich's mir wünschen soll: – – – aber also für alle Fälle: die Glückwünsche zum 75. bitte ich mir freundlichst noch 25 Jahre aufzuheben.

Und damit nehm' ich Abschied vom Meilenstein. Man soll nicht zu lange verweilen, das macht müde. Hopp, weiter. Es muß ja sein. Dank an alle, die mich lieben. Zwischen Bescheidenheit und Abwehr weiß ich, daß es deren gibt. Nichts im Leben ist verdient. Alles fällt uns in den Schoß oder schlägt uns vor den Kopf. (Bitte, das ist meine Lebenserkenntnis, Ihr könnt's ja anders erfahren haben.) Nichts ist unser Verdienst. Nichts können wir erzwingen. Goethe sagt:

,So mußt Du sein, Dir kannst Du nicht entfliehen'. Zur Erinnerung sei's gesagt für alle, die noch bitter an sich zerren und arbeiten, um sich vielleicht was abzuringen, wogegen sich halt die eigene Natur mit Händen und Füßen sträubt! Zu gar nichts als zu lauter Totem, Äußerlichem können wir uns zwingen. Endlich, endlich aber zu uns selber ,Ja' sagen, – – – endlich, wenn auch ohne Begeisterung, mit uns selber auskommen können, sich selber halt nehmen wie man ist, heimgekommen sein zu sich selber, – und friedfertig mit sich selber, so wie einen Gott eben geschaffen hat, – in Frieden eingehen in den bunten Herbst des Lebens, – das ist das große Geschenk des Lebens an diesem bedeutsamen Tage, das kann ich zum Troste allen denen sagen, die ihn mit Mißtrauen noch vor sich haben."

(Aus den „Gedanken zum Großen Meilenstein". Rede im Berliner Rundfunk am 17. September 1933)

Käthe Kruse 17. 9. 1883 - 19. 7. 1968
Max Kruse 14. 4. 1854 - 29. 11. 1942

Kinder:	geb.:	
Maria	1902	Komponistin, Malerin
Sofie	1904	Bildhauerin, Betriebsleiterin
Johanna	1909	künstlerische Leiterin der Käthe Kruse GmbH
Michael	1911	Dr. der Physik
Joachim	1912	Designer, gestorben 1943
Friedebald	1918	Architekturstudent, gestorben 1944
Max	1921	Schriftsteller

Jahrhundertwende –
Aufbruch in eine neue Zeit

Berlin um die Jahrhundertwende war nicht nur äußerlich ein gärendes Gemisch modernen und althergebrachten Lebens nebeneinander. Auch das „geistige" Berlin war voller neuer Ideen.

Als das siebzehnjährige junge Mädchen Katharina Simon, die spätere Käthe Kruse, in Berlin eintraf, war dies ihr erster Eindruck: „Um uns brodelte der Hexenkessel des Weltstadtverkehrs. Pferdeomnibusse, Straßenbahnen, Pferdedroschken, Equipagen, Fuhrwerke aller Art und Menschen, Menschen. Nie, dachte ich, würde ich mich allein über so eine Straße trauen…

welch eine Stadt! Eine Stadt des lebendigsten Lebens bei Tage und bei Nacht. Von Leuchtreklamen überflammte Häuserzeilen, vom Verkehr durchbrandete Straßen, Elegance, Wohlstand, Uniformen, Lumpen, Armut, alles nebeneinander. Palais de dance und Obdachlosenasyl, Stehbierhalle und Cafe des Westens. 38 Theater in einer einzigen Stadt! In einer Stadt, die wuchs und wuchs, sich dehnte und vergrößerte um fast sichtbar rasch aus dem Boden schießende immer neue Stadtviertel. Eine bedrückende und beglückende Sinfonie des Lebens." („Das große Puppenspiel")

Berliner Straßenszene zu Anfang des 20. Jahrhunderts

Berlin — Denkmal Kaiser Wilhelm I.

Berlin, Ruhmesdenkmal von Reinhold
Begas für Kaiser Wilhelm I.

Diese Vielfalt war nicht nur äußerlicher Art. Nicht ohne Grund gab es 38 Theater in dieser einen Stadt. Das geistige Leben befand sich ebenfalls in einer explosiven Wachstumsphase. Noch gab es zwar das Gerüst des Hergebrachten, aber zunehmend wurde es in Frage gestellt. ‚Auf zu neuen Ufern' war die Devise. Neue umwälzende Erfindungen jagten einander, voller Zukunftsfreude und Fortschrittsglauben waren viele Zeitgenossen überzeugt, eine bessere Welt zu bauen. Noch gingen zwar die Herren im dunklen Rock mit Hut und die Damen festgeschnürt, das Köpfchen ebenfalls züchtig bedeckt, abgeschirmt gegen jeden Sonnenstrahl – aber schon schlich sich eine neue Lebensart ein, eine freie, natürliche. Licht, Luft und Sonne wurden zunächst fast geheimbündlerisch verehrt. Eine Zeitschrift „Die Schönheit" propagierte nicht nur die natürliche Schönheit des Körpers, sondern auch den Vorteil für Seele und Gesundheit, sich frei im Luftgewande dem wohltuenden Einfluß der Natur zu überlassen. Noch war an den Berliner Seen das Baden streng verboten und Polizisten äugten nicht selten durch Gebüschzweige, um solch „unsittliches

Treiben" schnellstens zu unterbinden, aber schon wenige Jahre später erzwangen die Bürger die Einrichtung der ersten großen Familienbadeanlagen.

Auch die Partnerschaft begann man unter ganz neuen Aspekten zu sehen. War ein Mädchen unehelicher Herkunft ein Jahrzehnt zuvor noch völlig unakzeptabel für einen jungen Mann von Stand, so kam es nun in Mode, das freie Miteinander geradezu für eine Idealform partnerschaftlicher Beziehung zu halten. Bekannte Gestalten der damaligen Zeit gingen tapfer diesen noch etwas ungewöhnlichen und deshalb mißtrauisch beäugten Weg.

Max Kruse erinnert sich in seinem Geburtstagsbrief an Gabriele Reuter zu ihrem 70. Geburtstag:

„So sah also die Vorkämpferin der Frauenbewegung aus? Unbegreiflich schien mir das, nach dem, was ich bisher von den Amazonen gesehen hatte. Mein erster Eindruck hat sich in einer langen und treuen Freundschaft voll bestätigt. Sie kämpfte nicht für die Gleichmachung der Geschlechter, sie kämpfte gegen die Versklavung der Liebe, der wahren Liebe, die in einer unbedingten Hingabe besteht. Später, als ich ihr Schicksal kennenlernte, begriff ich, daß das Motiv ihres Handelns aus einer tiefen Verwurzelung mit dem Familienbegriff entsprungen war und nicht aus einer Mißachtung der Tradition.

Der Kampf um eine neue Kultur, deren Centrum immer das Liebesleben sein wird, war damals in München besonders heftig. Michael Conrad, Anita Augspurg waren die eifrigsten Verfechter der freien Liebe und der freien Ehe. Bei einer verabredeten Zusammenkunft im Hofbräuhaus wurde der Streit über diese Themen so hitzig, daß es beinah zu einer Schlägerei gekommen wäre.

Das war vor vierzig Jahren. Und heute? Sind wir Alten klüger geworden? Ist die Jugend klüger, die den alten Plunder in den Müllkasten geworfen hat? Ist ihr Liebesleben Kultur oder ist es Natur? Wäre es Natur, nun gut, aber was geschähe dann mit den Kindern?

Nun sind wir alte Leute geworden, liebe Gabriele, und sehen jenseits von Gut und Böse diesem Chaos zu. Kein Mensch fragt nach uns, wir sind altes Eisen, überwundener Standpunkt. Und doch glaube ich, daß wir Alten, die das Leben gelebt haben, etwas zu sagen hätten. Denn so wenig man jemanden über den Krieg fragen kann, der immer im Frieden gelebt hat, so wenig kann man jemanden über das Leben fragen, der erst zu leben anfängt. Ich denke mir, Du stehst heute ein Stündchen an der Ilm und siehst dem Wässerlein zu, wie es dahinfließt, um endlich im großen Meere sich aufzulösen. Und Du denkst dabei an unser Leben und sagst: ‚Es war – aber es war schön. Und daß es war und daß wir alt sind, ist auch schön. Denn wir haben die Erinnerung nur an die Schönheit, Kämpfe und Schmerzen sind vergessen.'"

Auch in der Kunst entwickelten sich neue Gestaltungsformen. Zwar

gaben noch immer ein Reinhold Begas und ähnliche Künstler den Ton an und erhielten die offiziellen Aufträge für Ruhmesdenkmäler, aber eine neue Kunst – weg vom Bombastischen hin zu einem ehrlichen Realismus – entwickelte sich. Auf den Bühnen wurde experimentiert, die Kabaretts wuchsen aus dem Boden, Erfindungen verwirrten geradezu die Zeitgenossen, und in langen Nächten saßen Dichter, Maler, Schauspieler, Komponisten, Bildhauer voller Ideen zusammen und diskutierten über neue Formen des Lebens und Darstellens.

Und alles war noch gleichzeitig in einem unglaublichen Gemisch: das Überlieferte, Strenge, Normengeordnete, Reglementierte, Sichere und das Neue, Suchende, Lösende. Das kleine Bäumchen Neuzeit faßte Wurzeln und wuchs.

Natürlichkeit wurde ein Schlagwort, das die Menschen teilte. Die einen vermuteten etwas Anstößiges dahinter und hielten angstvoll doppelt fest an ihren stützenden Normen. Für die anderen war es das Tor aus dem Gefängnis, die einzige, endlich mögliche Lösung aus der verkrampften Starrheit der alten Zeit. Körperliche und geistige Gesundheit wurden erhofft von einer brüsken Abkehr vom „künstlichen" eingezwängten Leben des 19. Jahrhunderts.

War bisher die Erziehung der Kinder getragen gewesen vom Ziel der totalen Dressur, so wandelten sich selbstverständlich auch diese Inhalte. Das Kind bis zur Jahrhundertwende wurde nicht nur auf eine grundsätzliche Rolle hin erzogen – das blieb noch lange so – sondern befand sich in all seinen Lebensbereichen in derselben Eingeschnürtheit wie seine Eltern. Alles Ungezügelte, Lebhafte, Ungeordnete mußte so schnell wie möglich aberzogen werden. Dazu und zur Rollenvorbereitung war

Rollenprägung für kleine Jungen:
Der tapfere Kämpfer

Weiche Tiere zum Liebhaben: Steiff-Bären

Fröhliche Stoffiguren von Margarete Steiff

Spielzeug in erster Linie da. Der Junge bekam die Ausstattungsstücke, mit denen er sich wie der große tapfere Kämpfer fühlen konnte. Das Mädchen sollte Fürsorglichkeit, vor allem aber ordnenden Fleiß und sparsame Sorgsamkeit lernen. So waren denn die Puppen zwar wunderschön, aber auch furchtbar empfindlich gegen grobe Behandlung. Sie waren nichts zum Kuscheln und überstanden auch keinen kindlichen Unmut.

Margarete Steiff (1847-1909) entwickelte zum ersten Mal etwas völlig anderes: Ein Tier zum Spielen und Schmusen. Nicht mehr aus Holz, sondern aus Filz stellte sie einen kleinen Elefanten her, das erste weiche gestopfte Tier. Im Jahr 1902 entstand dann der berühmte Steiff-Bär (nach Studien ihres Neffen Richard im Stuttgarter Zoo), ein Plüschtier zum Kuscheln, das in wenigen Jahren ein enormer Erfolg wurde. Nicht mehr der Stolz und die nachgeahmte Rolle waren für das Kind wichtig an dem neuen Freund, sondern Zärtlichkeit, Weichheit und vielleicht auch Heiterkeit durch das drollige Aussehen mancher Bären. Ein Plüschbär war etwas fundamental anderes als eine Puppenküche, ein Kindersäbel, eine

Porzellanpuppe – es war „nur" etwas fürs Gefühl – ohne erziehenden Hintergedanken.
Konsequenterweise begannen Margarete Steiff und ihre Nachfolger auch Stoffpuppen herzustellen. Sie machten lustige Puppen, fröhliche, sehr verschiedenartige Gestalten. Margarete Steiff liebte das Lachen der Kinder. Dafür arbeitete sie. Die kinderliebende Frau, die durch Polio an den Beinen gelähmt und kinderlos war, konnte aber nicht ausdrücken, was später eine Mutter sah und formte: das Rührende, das typisch Kindliche.

Die Wurzeln für Käthe Kruses Werk

Ich sehe nur noch, daß ich bei „allem Pech immer noch großes Glück habe…" waren die schmerzlich-seligen ersten Worte des Vaters über die Geburt der kleinen Katharina am 17.9.1883 in Breslau. Ein stilles, heimliches, schweres Glück war dieses Kind. Das Glück einer „unerlaubten" Liebe. Der Vater war verheiratet und wagte nicht, durch eine Scheidung die Existenz beider Familien aufs Spiel zu setzen. Treu stand er zu der Frau, die er liebte und zu ihrem Kind. „Schade, daß wir es nicht behalten dürfen…" schrieb die Mutter Christiane Simon. Ein uneheliches Kind bei sich aufzuziehen, bedeutete größte wirtschaftliche Anstrengung und gesellschaftliche Ächtung. Aber die Liebe zu ihrem Kind verdrängte doch alle Sorge davor: Christiane Simon behielt ihre Tochter bei sich. Täglich bis tief in die Nacht nähte sie. Das stille, anlehnungsbedürftige und einzelgängerische Kind wich selten von ihrer Seite. Lange schlief es nicht ein, ohne der Mutter Hand zu halten, bis die Unermüdliche ihren Finger durch einen Kochlöffel ersetzte und weiterarbeitete. Freitags lief die kleine „Kathel" zum Rathaus und klopfte an ein bestimmtes Fenster. Wenig später

Das Breslauer Rathaus, in dem Käthe Kruses Vater arbeitete

Christiane Simon, die Mutter von Käthe Kruse

Robert Rogaske, der Vater von Käthe Kruse

Die etwa zweijährige Käthe Kruse

von links: Bojena Bratzki, Schauspielerin;
Oskar Strauss, Komponist; Hedda Somin,
(Käthe Kruse); Herr Kolb, Sänger

kam der Vater heraus und verbrachte den Nachmittag mit ihr.
Der Vater Robert Rogaske hatte
seiner Neigung zum Dichten nicht
nachgeben dürfen, da er früh für
Frau und Kinder sorgen mußte.
Kathel und ihre Mutter konnte er
weniger unterstützen als er
gewünscht hätte. Er war kein glück-
licher Mensch. Verschlossen mühte
er sich, den Weg der Pflicht zu
gehen, innerlich zerrissen und ver-
wundet, verhielt er sich nach außen
oft hart und streng. Die übergroße
Tierliebe versuchte er der kleinen
Tochter auszutreiben. Er schenkte
ihr ein junges Kätzchen, das sie heiß
liebte und rührend umsorgte und
nahm es ihr nach einer Weile wieder
fort mit der Behauptung, er habe es
ertränkt. Als er mit derselben Härte
seinen Sohn von einer zu frühen
Eheschließung abbringen wollte,
beging dieser Selbstmord. Dies
verwand der Vater nicht. Er wurde
krank und starb mit 49 Jahren.
Katharina war keine 15.
Christiane Simon hatte schon als
10jährige beide Eltern durch eine
Choleraepidemie verloren. Nach
dem Tod des geliebten Mannes war
der einzige Sinn ihres Lebens ihre
Tochter. Sie gab der Tochter die
innere und äußere Sicherheit, auf
die eigenen Fähigkeiten zu trauen,
sich tapfer und unbefangen an jede
Anstrengung zu wagen.
Trotz der dumpfen gedrückten
Angstgefühle, die Katharinas
Kinderzeit begleiteten, war sie doch
gleichzeitig offen geblieben für
leidenschaftliche Begeisterung. In
einen wahren Taumel geriet sie, als
sie von Onkel und Tante zu Theater-
besuchen mitgenommen wurde. Sie
lernte ganze Stücke auswendig,
schwärmte von Vilma Illing und war
sicher: Sie wollte Schauspielerin
werden.
Ihre Mutter war verständnisvoll
genug, trotz ihrer eigenen Angst die
Pläne der Tochter zu unterstützen.

Nach dem Schulabschluß wurde die
16jährige als Schauspielschülerin
von Otto Gerlach angenommen –
schon dies ein erster großer Erfolg.
Mit welcher Mischung aus Besorgt-
heit und Stolz mag die Mutter auch
diesen Unterricht ernäht haben.
Als 17jährige erhielt Katharina ein
Engagement nach Berlin – ein
traumhafter Schritt, den sie auch wie
im Traum tat. Ein völlig fremdes
Leben umbrandete das junge
Mädchen plötzlich. Berlin, die Groß-
stadt, das geistige Zentrum Deutschlands. Der Wechsel von der Näh-
stube hierher war schwindel-
erregend.
Die junge Schauspielerin nahm den
Künstlernamen Hedda Somin an,
ging mit dem ihr eigenen Feuereifer
ans Werk und wurde ein auf-
gehender Stern am Theaterhimmel
Berlins. 250,– RM Monatsgage,
welch Unterschied zu den armen
Jahren zuvor. Käthe/Hedda holte
ihre Mutter nach Berlin – von nun an
konnte sie die Mutter ernähren.
Sehr schnell wurde das „Fräulein
Somin" nicht mehr nur als Zweit-,
sondern als Hauptbesetzung ausgewählt und wie im Fluge verging
die Zeit: Abends auf der Bühne,
vormittags bei den Proben, nach-
mittags Rollen pauken und an spiel-
freien Tagen in den anderen
Theatern als neugierige Schülerin.
Eine Rolle mußte im Eiltempo auf
italienisch einstudiert werden. Beinah hätte das blutjunge Sternchen
neben der großen Duse spielen
dürfen, doch erholte sich die
erkrankte Kollegin noch gerade
rechtzeitig für den großen Tag.
Katharina Simon war mit Leib und
Seele Schauspielerin – ein Stück
davon ist immer in ihrem Leben
geblieben. Und sie lernte dabei
etwas: daß auch die verwirrendste
Situation mit Fassung gemeistert
werden kann. Bange machen gilt
nicht, Kopf hoch und durch. Nachts
aber fühlte sich das so erfolgreiche

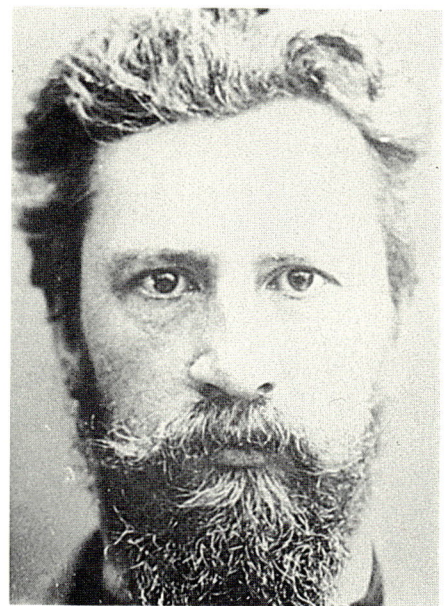  

junge Mädchen hilflos und unglück-
lich. Ihre eigene Schilderung aus
dieser Zeit: „Mitten drin war ich im
Theaterleben jenes quickleben-
digen Berlin, das sich kaum zu lassen
wußte vor Ideen und Einfällen, als
sei eine neue Sturm- und Drang-
periode in Literatur und Kunst aus-
gebrochen. Aber ich fühlte mich gar
nicht froh... grausig das Herum-
ständern in den Agentenbüros...
der Kampf mit Regisseuren und
Kolleginnen. Neid, Intrigen,
Schikanen... Die Neidischen hätten
schwerlich mit mir getauscht, hätten
sie geahnt, wie sehr ich innerlich
zerrissen und verzweifelt war,
welche Unsicherheit, welche Unruhe
und welche Sehnsucht nach innerem
Frieden ich hinter der Maske
freundlicher Munterkeit verbarg."
Glücklich nur auf der Bühne, ganz in
die fremde Identität der Rolle
geschlüpft, begabt, intensiv und
neugierig, überströmend von
Gefühlen, die noch kein Ziel kannten,
heimatlos noch – so begegnete die
junge Frau auf der Wolzogenredoute
am 18. Januar 1902 einem Mann, der
sie erschütterte. „Der schwarze
Mann dort, der sich wie eine Statue
bewegt und der solch einen eigenen
Mund hat – und so tief seltsame
Augen, die einem gar nicht mehr

aus dem Kopf gehen..." Eine
berühmte Fotografin raunte ihr zu
„Der schönste Mann von Berlin ist da,
Max Kruse der Bildhauer."
Wenig später sah sie ihn wieder im
Cafe des Westens, dem Treffpunkt
Berliner Künstler, über den Edmund
Edel (Karikaturist und Schriftsteller)
schrieb: „Hier ist der große
Gedankenaustausch, hier werden
die Schlachten der Cliquen
geschlagen, hier werden Weltan-
schauungen täglich aus dem Ärmel
geschüttelt, Existenzen vernichtet,
neue Helden auf den Thron
gehoben, Kritik geübt an allem, was
man nicht selbst geschaffen hat.
Hier wird das große Hohngelächter
des Übermenschen angeschlagen..."
So trug denn das Cafe auch später
den Namen „Cafe Größenwahn".
Wohl einer der berühmtesten, sicher
aber der Schweigsamste in dieser
Runde war der 46jährige Bildhauer
Max Kruse. Katharina Simon war
19 Jahre alt, der große Schweiger
mit dem „Christuskopf", in dessen
Bann sie rettungslos sofort geriet,
war zwei Jahre älter als ihre Mutter.
In Ausstrahlung, Gestalt und Geist
schien er ihr wie ein Gigant, der aus
der alten Zeit in die gerade sich ent-
faltende Neuzeit – und diese mit-
gestaltend – hinüberragte.

links:
Max Kruse, der „schönste Mann von Berlin"

mitte:
Der Vater, Karl-Eduard Kruse, von Justus
Hasper gezeichnet

rechts:
Die Mutter, Sophie Kruse, von Justus
Hasper gezeichnet

oben:
Der Bruder, Oskar Kruse-Lietzenburg

oben rechts:
Oskar Kruse-Lietzenburg: Begräbnis im
Spreewald

Die Schwester, Anna Kruse

rechts:
Anna Kruse: Die Rudelsburg an der Saale,
Aquarell

Max Kruse

In Berlin geboren als drittes Kind
einer Kaufmannsfamilie erlebte
Max Kruse eine glückliche Kindheit.
Im liebevoll strengen Elternhaus
wurde zwar die Musik gepflegt,
aber für den Beruf sollten die Kinder
doch etwas Handfestes, Zuverläs-
siges lernen. „Daß mir keiner von
Euch Künstler wird!" pflegte der
Vater immer wieder zu mahnen –
mit dem Erfolg, daß alle drei Kinder
Künstler wurden. Allerdings erst auf
Umwegen. Der Bruder Oskar (1847-
1919) versuchte sich jahrzehntelang
als Kaufmann, ehe er sich erlaubte,
seiner künstlerischen Neigung
freien Lauf zu lassen. Er malte und
kam – vor allem als Landschafts-
maler – damit zu einigem Ansehen.
Berühmter aber wurde er als
Fabulierer, der seine Zuhörer mit
den absonderlichsten, fantastisch-
sten zwischen Heiterkeit und
Schrecken sich windenden Erzäh-
lungen beglückte und zugleich
erschaudernd in eine andere Welt
versetzen konnte. Er hat selten
etwas aufgeschrieben. Hier und da
haben Zeitgenossen über ihn
berichtet. So ist sein Ruhm – der,
wären seine Geschichten erhalten
geblieben, wohl an einen E.T.A.

Hoffmann herangereicht hätte – mit
seinem Tod verblaßt.
Verblaßt wie auch die Erinnerung
an die Kompositionen und Aquarelle
der Schwester Anna, der Max Kruse
in verehrender bewundernder
Liebe zugetan war.
Verblaßt ist letzten Endes sogar die
einstmals große Berühmtheit Max
Kruses, des vielseitigsten der
Geschwister, dessen Begabung ans
Geniale grenzte. Sowohl sein
Erfindergeist als auch seine künstlerische Fähigkeit begannen sich
schon im halbwüchsigen Alter zu
zeigen. Er erdachte eine Harfe, die
mit Hilfe von Tasten spielbar sein
sollte; er sang und zeichnete. Trotzdem begann er nach dem Willen
des Vaters zu studieren, in Stuttgart
bereitete er sich auf die Architektur-
prüfung vor. Auch die Studentenzeit
war eine glückliche, er liebte,
schwärmte, diente, becherte mit
den Kumpanen und lernte – wohl
mehr aus dem Erlebten, mit wachen
Sinnen Wahrgenommenes als durch
besondere Unterweisungen.
In den Ferien modellierte er seine
Mutter. Mit dieser Plastik unter dem
Arm marschierte er zu Reinhold
Begas, dem Bildhauer, der das
Privileg hatte, die pompösen
Ruhmesdenkmäler der wilhelmini-

links:
Max Kruse: Der Siegesbote von Marathon,
1881

mitte:
Max Kruse: Das Grabmal für die Eltern,
1887

rechts:
Max Kruse: Persephone oder „Stirb und
Werde", 1915

unten:
Max Kruse: Junge Liebe, 1897

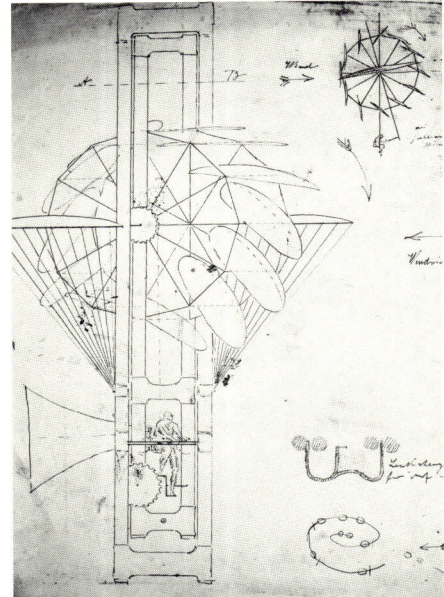

oben:
Erfindung Max Kruses: Eine Flugmaschine,
mit der ein Mensch ohne Motorkraft
angeblich hätte fliegen können

unten:
Erfindung Max Kruses: Die Bildhauer-
Kopiermaschine

schen Zeit zu entwerfen. Der berühmte Mann betrachtete über die Brillenränder Büste und Schöpfer und erklärte, letzterer könne gleich dableiben. Berlin war geradezu angefüllt mit Begas-Monumenten. Jeder wollte Begas-Schüler werden, Begas war ‚in' – nicht jedoch beim eigensinnigen Max Kruse. Er fürchtete den übermächtigen Einfluß, wollte kein kleiner Begas werden. Lernen und seine eigene Fähigkeit finden, war sein Ziel. Er hängte sein Studium an den Nagel und schrieb sich in der Akademie für bildende Künste ein. Dort kam er in die Modellierklasse von Fritz Schapper und modellierte 1881 den Siegesboten von Marathon. Dieser Siegesbote, zweimal brach die überschwere Tonfigur während der Arbeit daran zusammen, fand durchaus kein Wohlwollen bei Meister und Mitschülern. Max Kruse störte sich wenig daran, er ging den Weg, von dem er überzeugt war, und handelte ohne große Debatten. Die Jury der großen Berliner Kunstausstellung zeichnete die Arbeit mit einer Goldmedaille und einem einjährigen Rom-Stipendium aus. Erschüttert von der Begegnung mit der Antike brauchte Max Kruse einige Jahre, bis er wieder ein großes Werk schuf: das Grabmal für seine Eltern: „Die Liebe legt der Mutter Erde den Leichnam zurück in den Schoß." An diesem Denkmal verdeutlichte sich das Unverständnis der Zeitgenossen: Die Friedhofsverwaltung wollte keine Mutter Erde auf dem Friedhof dulden und erzwang ihre Verwandlung in einen Engel durch amtlicherseits angeordnete Flügel. Die ganze Wirkung war dahin.

Max Kruse kam besonders durch seine Reisen nach Rom, Athen und Ägypten zu der Überzeugung, daß für jede Skulptur das einzig richtige Material gefunden werden müsse und ein Bildhauer mit allen

Materialien umgehen können sollte. Das gütige bescheidene Wesen der Mutter fand in Holz seinen passenden Ausdruck, dem in Übernachtung verdämmernden großen Philosophen Friedrich Nietzsche wurde blaß-gelber griechischer Marmor am gerechtesten.

Eine Reihe hervorragender Plastiken berühmter Zeitgenossen, hauptsächlich aus Holz, entstanden rasch hintereinander. Ihnen allen gemeinsam ist, daß sie das Wesen des Dargestellten so lebendig erfassen, daß man sie aus einer gerade vollzogenen, spontanen Geste heraus, mitten im Satz oder verschmitzten Lächeln festgehalten glaubt, daß Geist und Art des Abgebildeten sich dem Betrachter spontan mitteilen.

Das Holz in seiner unvergleichlich feinen und vielseitigen Bearbeitungsmöglichkeit zog Max Kruse besonders an. Er belebte die Tradition der Holzschnitzkunst neu. Er schuf nicht nur ausdrucksstarke Büsten, sondern auch eine lebensgroße Plastik in Holz: Die Zweiergruppe „Junge Liebe" wurde in Paris mit der großen goldenen Medaille ausgezeichnet.

Eines seiner letzten bildhauerischen Werke ist die überlebensgroße Persephone (die er auch „Stirb und Werde" nannte). Nach dem Ersten Weltkrieg arbeitete er zwar noch an einer Plastik des Bruders Oskar – sein bildhauerisches Werk war jedoch abgeschlossen.

Zu Beginn seines Künstlerlebens hatte Max Kruse die schöne Anna Pavel geheiratet. Vier Kinder hatte das Paar, dann lebte es sich ohne Feindschaft auseinander. Max Kruse wurde einzelgängerischer, stiller. Aber er blieb nicht stehen, nicht dem Hergebrachten verhaftet. Wortkarg, jedoch unablässig beobachtend und denkend, entstanden in seinem Kopf die Umrisse von Neuem. Was immer er sah, erweckte seine Unzufriedenheit. Er grübelte, bis er einen Weg fand. Er war tatsächlich ein großer Erfinder, aber seine Erfindungen wurden nicht gebraucht, nicht erkannt oder von anderen ausgenutzt, ehe er seine Rechte sichern konnte. Eine Maschine, mit deren Hilfe der Mensch aus eigener Kraft hätte fliegen können, wurde durch die Erfindung des Motors überholt. Eine Bildhauerkopiermaschine hätte die gesamte Ausbildung des künstlerischen Nachwuchses revolutionieren können. Die Bildhauerschüler zeichneten lange nach Details, eine nach Kruses Meinung unnütze Zeitverschwendung, um sich dann vor allem an Gipsabdrücken zu versuchen. Nur wenige grob vorgearbeitete Modelle aus echtem Material standen den Bildhauerklassen zur Verfügung. Die von Kruse entwickelte Maschine konnte aus jedem Material, von Holz bis zu Granit und Basalt, bis zu sechs Kopien einer Plastik gleichzeitig anfertigen und gleichzeitig vergrößern oder verkleinern. Sie wurde patentiert und von einigen gewichtigen Leuten begutachtet, erregte jedoch überraschenderweise kein sonderliches Interesse. Max Kruse war nicht der Mann, sein Werk anzupreisen, er hoffte auf die anderen Menschen, die kommen würden und nutzen, was er Sinnvolles ausgeklügelt hatte. Er war kein Kaufmann. Er verlor nur sein Geld bei der teuren Konstruktion. Die Leute kamen nicht. Jahre später schrieb er: „Wie unendlich viele Stunden meines Lebens habe ich erwartet und erwartet. Ein Wunder ist nicht gekommen."

Eine Erfindung allerdings gelang ihm, die eine Welt veränderte – die Theaterwelt. Wir können seine Erfindung nicht mehr wegdenken, aber keiner „weiß" mehr, daß sie von Max Kruse ist: der Rundhorizont des Theaters. Max Reinhardt suchte nach einer Sensation für seine geplante Salome-Aufführung nach Oscar Wilde. Am Stammtisch im Cafe des Westens erwog und verwarf man Pläne, bis der Bildhauer plötzlich sagte: „Das nützt Euch alles nichts, ehe ihr nicht die ganze Bühne in Plastik umsetzt." Reinhardt erkannte sofort das Umwälzende dieser Idee und alles Wehren des Bildhauers half nichts: „Nu machen Se man!" bollerte er – und Max Kruses Interesse und Erfindergeist waren ohnehin geweckt.

In Erinnerung an die griechischen Theater, bei denen Licht und Himmel, Sonne und Mond als eindrucksvolle Kulisse mitwirkten, räumte er alle das Bühnenbild begrenzenden Kulissen beiseite, ließ den leeren weiten Raum auf sich einwirken, legte dann darum einen Halbkreis und zog Leinwand ganz bis zur Decke hinauf. Diese durchbohrte er, befestigte Glashalbkugeln an den Öffnungen und ließ diese gläsernen „Sterne" von hinten von einer langsam wandernden Lichtquelle anstrahlen. Schon ergab sich die Wirkung eines herrlich sternenübersäten Nachthimmels. Der Weg bis zur endgültigen Vollendung des Gedankens war weit. 14 Tage und Nächte arbeitete Max Kruse pausenlos. Der Premierenabend war ein Schlüsselerlebnis für das Publikum. Richard Strauß wurde durch diese Salomeaufführung zu seiner Oper angeregt. Eine neue Theaterära hatte begonnen.

Auf dem Theaterzettel aber fand sich nur ein fehlerhafter Hinweis (Krause) in unzulässiger Verbindung mit Luis Corinth, der die Kostüme entworfen hatte. Reinhardt gab die Lorbeeren, die er mit Max Kruses Genialität erntete, nicht weiter. Noch zwei, drei Bühnenbilder gestaltete der Bildhauer, gab dann noch Reinhardt den Rat, nicht grundsätzlich einen Bühnenbildner mit allem zu beauftragen, sondern

„Wie unendlich viele Stunden meines Lebens habe ich erwartet und erwartet. Ein Wunder ist nicht gekommen." Max Kruse auf der Lietzenburg

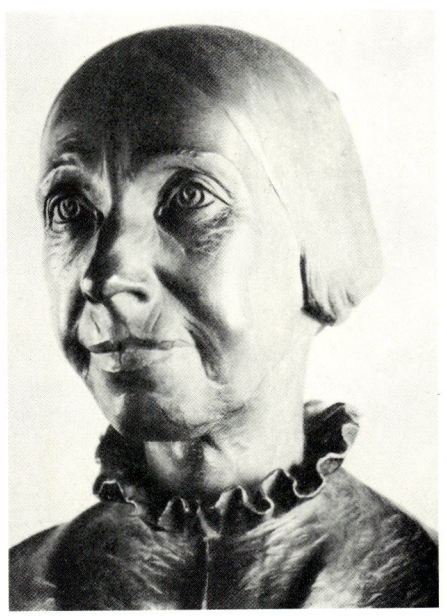

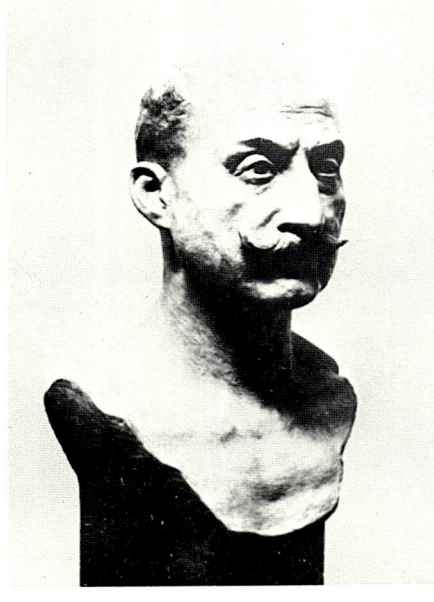

links oben:
Max Kruse: Marmorbüste von Friedrich
Nietzsche. Alle anderen Darstellungen
des Philosophen gehen auf diese Büste
zurück. 1898

mitte:
Max Kruse: Bronzebüste von Käthe Kruse,
1902

rechts:
Max Kruse: Holzplastik der Mutter, 1892

unten:
Max Kruse: Der Maler Max Liebermann,
1893

immer die passenden für das jewei-
lige Stück ausfindig zu machen (also
wieder der gleiche Gedankengang
wie bei der Plastik: Material und
Inhalt der Form müssen überein-
stimmen, Künstler und Stück müssen
harmonieren); dann zog er sich für
immer vom Theater zurück. Er versuchte noch, in einem Prozeß seine
Rechte zu sichern. Da er aber –
anders als später seine Frau – sich
nicht in das Geschehen vor Gericht
einschaltete und Irrtümer unwidersprochen ließ, unterlag er. Die
Kränkung, daß andere sofort zur
Stelle waren, sich mit seinen
Gedanken zu schmücken und sie
kommerziell auszuwerten, mag
immer geblieben sein.
Dieser vielseitige Mann war zweifel-
los auch anspruchsvoll und
schwierig. Die fröhliche Jugend, die
unbekümmerten Studentenjahre,
der Schwung der ersten Schaffens-
perioden wichen langsam seinem
immer kritischeren Bewußtsein. Er
mag zu jenen gehört haben, die mit
großer Hoffnung in das anbrechende
neue Jahrhundert hineingingen. Er
gehörte auch sicher zu jenen, die
am schnellsten begriffen, daß sich
der Fortschrittsglaube leider nicht
an der Realität des Menschen
orientiert hatte.

Im Alter lebte er vor allem auf der
„Lietzenburg", die sein Bruder
Oskar von O. Wilhelm Spalding und
Alfred Grenander hatte erbauen
lassen. Ein großer eindrucksvoll
herber Jugendstilbau – Treffpunkt
für viele bedeutende Künstler, wie
z.B. Gerhart Hauptmann, Max
Reinhardt, Ernst v. Wolsogen u.a.m.
Trotz all dieser Kontakte und obwohl
er noch lange schöpferisch tätig
blieb, „verstummte" er immer mehr.
Was er in seinen späten Lebensjahren politisch mitansehen mußte,
war gewiß geeignet, den Hang zum
einsiedlerischen Rückzug in sich
selbst zu verstärken. Er schrieb
noch „Ein Weg zu neuer Form" und
auch seine Memoiren. Aber er
rückte, sowohl räumlich als auch
innerlich, immer weiter weg von
seinen Mitmenschen.
Eine Neigung zu alldem zeichnete
sich schon ab, als er die junge Schauspielerin Hedda Somin im Cafe des
Westens traf. Aber sie hat ihn noch
einmal aus seiner stillen Welt
gezogen, mit der Kraft ihrer Jugend
und Liebe mitgerissen. Schon nach
den ersten Begegnungen kam sie
nicht mehr von ihm los und er nicht
mehr von ihr – aber das wußte er
noch nicht.

Bahnbrechende Erfindung Max Kruses:
Der Rundhorizont. Hier zum ersten Mal
für das Bühnenbild zu Oscar Wildes
„Salome" verwendet, 1903

Annemarie von Jakimow: Die Lietzenburg

Max Kruse: Blick von der Lietzenburg auf
die Küstenlandschaft von Hiddensee

Max Kruse: Selbstbildnis im Alter

Max Kruse: Moderner Typ. Diese Plastik zeigt ein neues Verständnis der Rolle der Frau, um 1909

Die wichtigsten Werke von
Max Kruse (1854 – 1942)

1877	Büste der Mutter (Marmor)
1881	Siegesbote von Marathon (ausgezeichnet mit der kleinen goldenen Medaille und einem einjährigen Rom-Stipendium)
1884	Büste der Mutter in Holz
1887	Grabmal für die Eltern (Sandstein), zerstört
1890	Eva und Peter (Marmor), in Familienbesitz
1890	Ludwig Uhland - Herne
1892	Eva und Peter (Holz)
1893	Max Liebermann (Holz)
1893	Walter Leistikow (Holz)
1894	Miss Bott mit Kindern (Marmor), Dahlemer Museum, Skulpturengalerie
1897	Gerhart Hauptmann (Holz), Marburg, Gerhart-Hauptmann-Archiv
1897	Gleichen – Rußwurm (Holz)
1897	Junge Liebe (Bronze und Holz) (ausgezeichnet mit der großen goldenen Medaille in Paris)
1898	Friedrich Nietzsche (Marmor), Engadin, Sils Maria, Nietzsche Archiv
1897	Bildhauerkopiermaschine (patentiert)
1895-97	Transparente Plastik (patentiert als „Verfahren zur Vervollkommnung von Lithophanien")

Werke:
Das Mysterium der heiligen Veronika
Kinderbildnis von Annemarie

ca. 1900	Gabriele Reuter mit Kind (Entwurf)
1902	Katharina Simon (Käthe Kruse) Bronze
1903	Bühnenbilder: Salome (Wilde) Elektra (Hofmannsthal)
1904	Bühnenbilder: Schwester Beatrice (Maeterlinck) Romeo und Julia (Shakespeare)
1905	Ibsen (Marmor) Deutsches Theater DDR, Berlin
1906	Fr. Dernburg mit Kindern (Holz), Dießen (Ammersee)
1907	„Mimerle" (Holz)
1909	Entwurf zum Moltke-Denkmal
ca. 1909	Moderner Typ
ca. 1909	Apollo mit Löwe
1911	Generalmusikdirektor Muck (Holz)
1912	Anna Kruse
1915	Stirb und Werde (Persephone) Marmor, Friedhof Berlin-Neukölln

Aquarelle, Radierungen
Schriften:
Ein Weg zu neuer Form
Die Erziehung der Kinder zum plastischen Denken
Die Erziehung der Plastiker
Tagebuchaufzeichnungen

Das „Instinktwesen"
und der „stille Denker"

„Ganz Instinktwesen" sei sie gewesen, schreibt Katharina Simon Jahre später über sich selbst in einem Tagebuch. Eine unwiderstehliche Faszination ging von dem schweigsamen Mann mit dem „Kinderherzen und den Erlöseraugen", von dem strengen, kritischen Denker, dem „steinernen Beobachter" auf die junge Frau aus. Angesichts solch uneingeschränkter Bewunderung blieb der große Schweiger nicht stumm. Katharina lauschte mit hingebungsvoller Aufmerksamkeit seinen Ideen, bewunderte seine Skulpturen: Sie hatte ihren Lehrer gefunden.

Auch für ihn wurde diese Begegnung wichtig, ja entscheidend. Die begeisterungsfähige, wissensdurstige junge Frau, die nur wenige Jahre älter war als seine erste Tochter, gab ihm neue Hoffnung, neuen Lebensschwung. Lange und mit unerbittlicher Strenge stellte er die Gefühle der jungen Schauspielerin auf die Probe. Aber mit der ihr eigenen Zielstrebigkeit und Nachdrücklichkeit, mit ihrer schwärmerischen Liebe hielt sie alldem stand.

Zeitweilig verschreckte sie die spröde, kühle Abgrenzung, die der ältere Künstler streng um sein

Das Hochzeitsfoto. Max und Käthe Kruse 1909 in München

Die junge Schauspielerin Hedda Somin (Käthe Kruse) im Lieblingskleid Max Kruses

Züchtige Kleidung und gemessener Turn-schritt als große Neuerung in einer Zeit-schrift 1906 angepriesen

Die beiden ersten Kinder: Maria und Sofie

Leben legte, sie ließ sich zwar einschüchtern, nie aber vertreiben. So wurde sie die große Hoffnung des verschlossenen Mannes: „...was Du mir bist – da hast Du's nun: meine Hoffnung! Du sollst die Ideale erfüllen, die ich mir in schweren Kämpfen gebildet habe. Dir sollen die Kräfte des Bildens erspart bleiben – aber Du sollst die Kämpfe des Erfüllens bestehen. Ich kann Dir nur immer wieder wiederholen: Lerne das Leben mit den Menschen und so gut, daß Du sie an leisen, unsichtbaren Fäden dahin führst, wo Du sie haben willst..."
Dieser Brief Max Kruses, im Jahre 1902 wenige Monate vor der Geburt ihres ersten gemeinsamen Kindes geschrieben, wurde Lebensmotto für die junge Frau. Kinder sind die Erfüllung der Liebe, aber kein Grund zum Heiraten, fand das Künstlerpaar. Auch hier folgte Käthe willig den Überzeugungen ihres großen Lehrers – nur wurmte es sie später oftmals, daß er nach der Geburt eines Sohnes (der sofort starb) plötzlich entschied, es müsse nun geheiratet werden: Falls nämlich noch einmal ein Sohn geboren würde, dürfe dieser schließlich in seinem Wehrpaß keine uneheliche Geburt verzeichnet haben.
Einer selig schöne Weihnachts-winterzeit folgte der Geburt des ersten Kindes Maria am 2. 12. 1902. Mutter, Großmutter und Kind wohnten in Charlottenburg, abends kam der Künstlervater aus seinem Atelier. Bald darauf machte Max Kruse der Berliner Idylle ein jähes Ende: Für einen Künstler sei die Stadt der rechte Ort, nicht aber für kleine Kinder. In der Schweiz kam 1904 das zweite Kind Sofie (Fifi) zur Welt.
„Vom Plüschsalon zum Luftbad" war treffend ein Artikel überschrieben, der die damalige Bewegung des

Sonnen- und Luftkultes schilderte. Diese Suche nach dem Natürlichen, Gesunden, begeisterte Max Kruse. Er besuchte die Landkommune auf Monte Verità bei Ascona. Um das Ehepaar Oedenkoven hatten sich hier Menschen gesammelt, die dem verkünstelten Leben den Rücken kehren wollten, sich nur mit selbst Hergestelltem ernähren und bekleiden wollten und aus der Suche nach natürlichen Lebens-formen eine teilweise recht überzogene Ideologie machten. Zunächst aber schien hier eine sehr wohltuende Entwicklung im Gange zu sein. Max Kruse und seine Käthe waren begeistert davon. Angesichts der ersten Leute in „Lufthemden" und „Lufthosen" nagten zwar noch Zweifel an dem streng erzogenen Mann und skeptisch äußerte er: „Es ist schon kolossal, daß man hier so herumlaufen darf, aber es wird wohl auch nicht lange so gehen." Trotzdem trug er, sonst eine strenge Erscheinung im schwarzen Gehrock, genußvoll nur mit einer Lufthose bekleidet sein nacktes Töchterchen auf den Schultern, und Käthe spielte Volleyball im Lufthemd. Im Jahre 1904 war solch ein leichter dünner Aufzug fast ein Skandal. Zwei Jahre später pries man gemessene Gymnastik im züchtigen Turnkleid als umwälzende Neuerung an.
Max Kruse befand, daß das natürliche Leben für Mutter und Kinder bekömmlich sei. Neugierig und anpassungsfähig war Käthe sofort bereit, sich mit ihren Kindern auf das Leben in der Landkommune einzulassen. Max Kruse kehrte nach Berlin zurück, die junge Mutter war mit zwei Kindern und einer tuberkulosekranken Mutter allein im fremden Land. Aber sie genoß das freie Leben in Luft und Sonne. Unbestechlich nahm sie auch die Verirrungen einiger Kommunemit-glieder wahr und fand ganz selbst-

Käthe Kruse: Blick von oben auf das
Roccolo und den Lago Maggiore, 1905

Käthe Kruse: Selbstproträt, 1907

verständlich den für sie richtigen Weg. Nach einiger Zeit in der Lufthütte auf dem Monte Verità zog sie, der Winterkälte weichend, hinunter nach Ascona. Im darauffolgenden Frühling fand sie im Vogelfängerhäuschen, dem „Roccolo", auf einem Hügel von Weinbergen umgeben für sich und ihre Kinder die ideale Bleibe. Hier nun, ungestört von aller Welt, von einer sie zutiefst beglückenden Landschaft umgeben, ohne alle Zwänge, in einfachster intensivster Gemeinschaft mit ihren beiden ersten Kindern, fand die junge Frau ganz zu sich. Sie hatte Zeit zu lernen,

zu sinnen und zu fühlen. Nicht nur die tiefe, schwere Liebe zu dem fernen Mann, die beglückende Liebe zu den Kindern, sondern auch die bewußte Auseinandersetzung mit dem Lebensweg ihrer Mutter formte sie in diesen Jahren. Die Mutter war am Ende ihrer Kräfte. Zwei Jahre jünger als Max Kruse war Christiane Simon. Aber das mühevolle, entbehrungsreiche Leben hatte sie gezeichnet. Max Kruse zeigte seiner jungen Gefährtin streng und hilfreich zugleich den Weg, den sie gehen mußte: „Sie hat das höchste geleistet, was wir tun können – sie

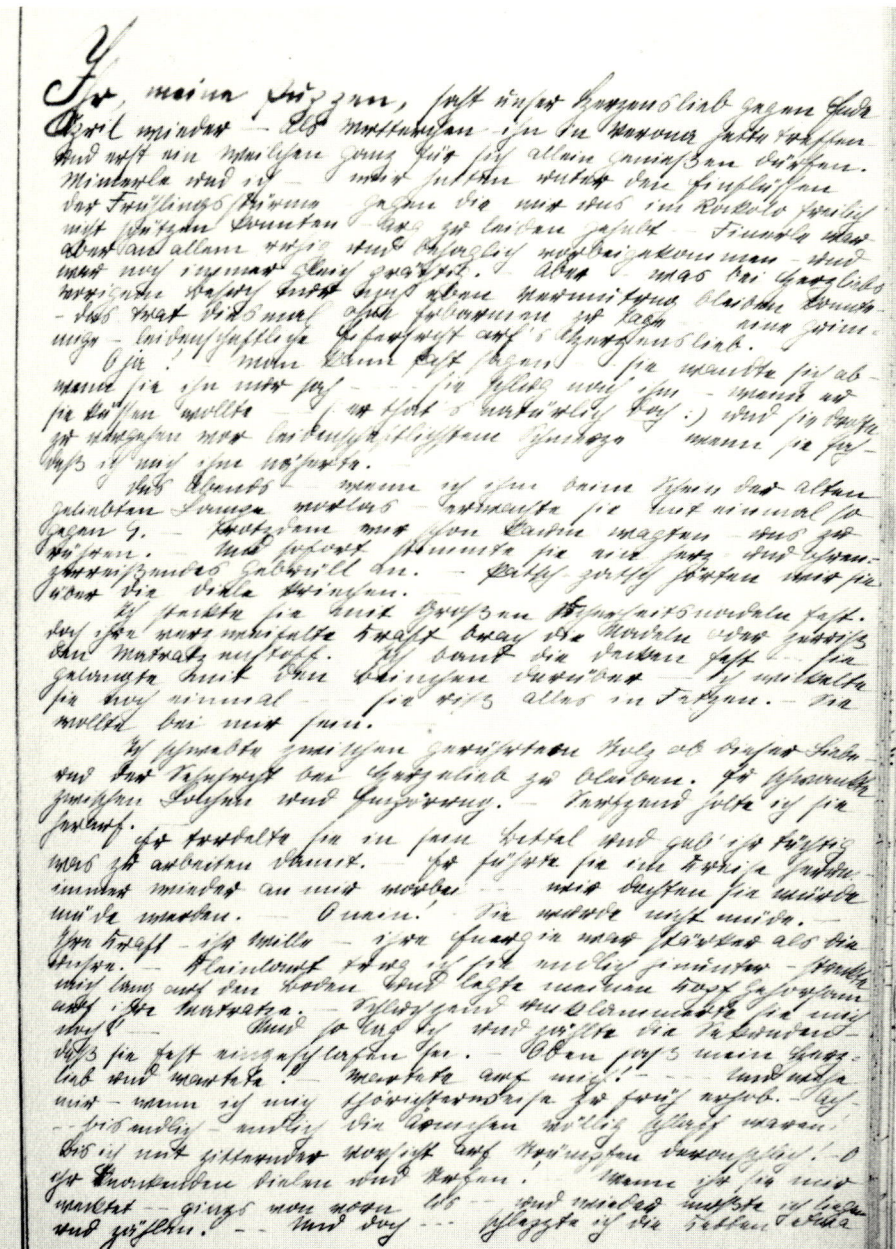

Die ersten gemeinsamen Jahre hielt Käthe Kruse in Tagebüchern fest. Zwei dicke Bände füllten sich – ein rührendes Zeugnis hingebungsvoller Liebe und neugieriger Lebensfreude.

links:
Fifi mit einer Chinesenpuppe und einem der ersten Puppenkinder ihrer Mutter

rechts:
Geburtstagstisch für die Tochter: Nicht nur eine Puppe, sondern auch einen ganzen Holzbauernhof hat die Mutter selbst gebastelt

hat Dir die bessere Erziehung angedeihen lassen und Dich über sich hinausgehoben".
In großer Dankbarkeit und Klarheit über die empfangene Liebe konnte die Tochter nun die Mutter zum Tode begleiten, ihren Tod auch ertragen. Am Ende dieser Zeit des Sterbens der Mutter hatte sich die einstmals unruhige traurige Schauspielerin Käthe Simon zu einer reifen jungen Frau entwickelt, die zutiefst von Liebe und Lebensfreude erfüllt war. Sie hatte erfahren, daß sie alles konnte was sie wollte: Lieben, Malen, Schreiben. Sie spürte, daß viel Arbeit vor ihr lag, aber auch viel Glück. Und sie dankte beides den Menschen, die sie entscheidend geführt hatten: Ihrer Mutter und ihrem angebeteten Max Kruse.
„Du bist mit einem Knall aufgesprungen", schrieb Max Kruse, als ihm Käthe ihre ersten Aquarelle schickte. Er hatte Jahre zuvor den Grund zu all dem gelegt. „Wenn ich nur malen könnte", wünschte sich Katharina. „Mußt nur wollen", antwortete Max Kruse. „Du siehst's an meinem Bruder. Immer schon wollte er und traute sich nicht. Ich sagte immer: Mach's doch. Und schließlich hat er's gewagt und es ist

ganz schön gegangen. Immer machen, machen, auf das, was man in den Schulen und Akademien lernt, gebe ich gar nichts – selbermachen… arbeiten, arbeiten."
Als Käthe Simon in ihrer „Reifeeinsamkeit" endlich ihre Ängste und Unsicherheiten beiseite schob und „machte", entdeckte sie die beglückende Erfahrung, daß sie konnte, was sie nur wollte. Diese Erfahrung hat ihr – und ihren Kindern später – Mut gegeben für alle Aufgaben, denen sie sich plötzlich gegenüber sah. Sie konnte schreiben und sie konnte malen. Auf dieselbe einfache, natürliche aber rührend entzückende Art, mit der sie später ihre Puppen formte. Schon hier in wenigen Strichen sind genau die Formen, die winzigen Geheimnisse erfaßt, die das Kindlich-Niedliche so einmalig wiedergeben.
Dieses Malenkönnen war vorerst für die junge Frau ungleich wichtiger als ihre ersten Handtuchpuppenversuche. Entgegen der in jeder Veröffentlichung zitierten Standardgeschichte, die da lautet, daß die beiden Kruse-Töchterchen gar keine Puppen hatten, bis Mutters Erfindergeist auf die Handtuchidee kam, hatten die Kinder durchaus

Die ersten Malversuche von Käthe Kruse:
Blick aus dem Zimmer ihrer Mutter auf
den Lago Maggiore, Winter 1905

Das Erlebnis, zu können, was sie wollte,
also auch malen zu können, begeisterte
Käthe Kruse. Sie malte viel in den
folgenden Jahren. Blick auf Ascona und
den See, 1906

Käthe Kruse: Das geliebte Vogelfängerhäuschen, 1905

schon Puppen. 1904 dankt Käthe dem Vater für die Bauernpuppen der Kinder. Auch eine der zu dieser Zeit üblichen Chinesenpuppen war schon vorhanden. Etwas anderes war das Entscheidende: als sich Maria ein „…Bambina come tu et la madre Maria" also ein richtiges Baby wünschte zum Umsorgen. Ein schweres Baby zum Knuddeln mußte her. Vater Kruse, per Brief mit dem Begehren seiner kleinen Mama-Tochter vertraut gemacht, scheute keine Mühe. Mathes war das größte Spielwarengeschäft in Berlin. Er begab sich auf die Halbtagsreise dorthin und suchte. Fast jeder Vater hätte sich entnervt letztendlich zu einer der unzähligen vorhandenen Puppen entschlossen. Nicht so der anspruchsvolle Max Kruse, der sich mit halben Sachen nie abgeben konnte. Er wußte, was seine Tochter brauchte: Etwas Weiches zum Liebhaben. So schrieb er den berühmten Satz zurück: „Nein, ich kauf Euch keine Puppen. Ich finde sie scheußlich. Wie kann man mit einem harten, kalten und steifen Ding mütterliche Gefühle wecken. Macht Euch selber welche. Eine bessere Gelegenheit, Dich künstlerisch zu entwickeln, kannst Du Dir gar nicht wünschen."

Das Handtuch, gefüllt mit warmem Sand, dem Kartoffelkopf und den darauf gemalten Gesichtsteilen, schien zwar auf den ersten Blick nicht unbedingt Anfang einer künstlerischen Entwicklung zu sein, aber es erfüllte seinen Zweck: Maria schleppte ihr schweres, weichwarmes Kind mit inniger Liebe herum.

Intensiv und tatendurstig wie die junge Mutter war, konnte sie es natürlich nicht bei diesem ersten Versuch bewenden lassen. Sie fertigte einen kleinen Körperschnitt aus Nesselstoff nach dem Gipsabdruck des Knaben von Verocchio

und füllte diese verbesserte Ausführung mit Sägespänen. Aber, oh weh, die Sägespäne verkrümelten sich durch die Nähte, und die ganze Familie befand, „Oskar", das Spänenpuppenkind, an dem Fifi mit ihrer ganzen Kinderliebe hing, benehme sich unanständig. Fifi kam nicht mehr mit dem Fegen nach und der Vater befand: „einer von uns ist hier zu viel". Fifi opferte ihr auslaufendes Kind, aber die Mama hatte schon eine verbesserte Ausführung in Reserve.

So machte die junge Mutter also einfache Puppen, aber auch Puppenwagen, Holztiere – Spielzeug eben für ihre beiden Mädchen, mit der gleichen Freude und Selbstverständlichkeit, wie sie auch anderes tat: Schreiben, Malen, Sprachen lernen. Im Schrank stapelten sich die italienischen, sogar lateinischen und griechischen Unterrichtsbriefe, die ganze Fülle des Lebens fühlte sie vor sich: „Ich möchte die Welt in jeder Sekunde genießen, daß keine ungenützt vorübergehe… und geben möchte ich – Du mein Lieb – geben allen geben", schrieb sie an Max Kruse, der sich in Berlin mit der Hinterhältigkeit der Neider herumärgerte. Alles war noch offen für Käthe Kruse, ihr Lebensweg keineswegs durch diese ersten „legendären" Puppenkinder entschieden. Sollte sie wieder zum Theater, auf dem sie so erfolgreich war, oder malen – ihre neue Leidenschaft – oder schreiben, wie die mütterliche Freundin Gabriele Reuter? Die ungebundene Zeit und Freiheit, die ihr durch die unkonventionelle Lebensweise ihres Gefährten zur Verfügung stand, nutzte die junge Frau genußvoll aus. Sie zog, wohin es ihr gefiel: – mal in ein italienisches Bergdorf, dann nach Florenz, danach ans Meer, erst an den Golf von Spezia, dann nach

Zwei heißgeliebte aber noch sehr einfache „Sägespänen-Puppenkinder" in den Armen ihrer stolzen kleinen Mütter

Zum Weihnachtsfest 1907 malte Käthe Kruse ihren „Mäuschen" ein zauberhaftes Bilderbuch, in dem sie besonders nette Ereignisse der ersten Jahre festhielt

Forte de Marmi. Im Herbst – Mimmerl (Maria) war fünf und Fifi (Sofie) drei Jahre alt – packte sie Rucksäcke und zog mit ihren Mädchen „wie ein richtiges Malweib" zu Fuß über den Apennin. Verweilend, wo es sich gerade ergab, am Straßenrand malend, die Kinder spielend neben sich – so lebte Käthe Simon beglückt und lernend unabhängig von allen strengen Verhaltensnormen und praktizierte, was erst ihre Urenkel richtig entdeckten: eine Art „Rucksacktourismus".

1908 kam in Ascona ein Sohn zur Welt, der – möglicherweise durch die Unachtsamkeit der Hebamme – gleich nach der Geburt starb. Vater Kruse holte seine kleine Schar nun in nördlichere Gefilde; einen Aufenthalt in München genoß Käthe – nun seit März Frau Kruse – besonders. Wieder war ein Kind unterwegs, Max Kruse wollte nicht riskieren, daß ein Sohn unehelich geboren würde. In Teisendorf kam 1909 Johanna zur Welt.

Nach einer Zwischenstation auf der Lietzenburg auf Hiddensee, wo sich um den fabulierenden Maler Oskar Kruse und Gerhart Hauptmann ein Künstlerkreis sammelte, kehrten die inzwischen zahlreich gewordenen Kruses nach Berlin zurück und begannen zum ersten Mal so etwas wie ein normales bürgerliches Leben – natürlich vorübergehend, wie sich herausstellen sollte.

Die Mutter und die Kinder zogen zum Vater zwei Stockwerke über das Atelier in der Fasanenstraße. Hier nun wurde plötzlich das Puppenmachen wichtig: Das Warenhaus Tietz in Berlin, das alljährlich in der Vorweihnachtszeit „Spielzeug aus eigener Hand" ausstellte (hier zum Beispiel hatten die „Münchner Künstlerpuppen" von Marion Kaulitz im Jahre 1908 zum ersten Mal Aufsehen erregt), forderte Käthe Kruse auf, die Puppen, die sie für ihre Kinder gemacht hatte, auszustellen. Freudiger Schreck bei der vielbeschäftigten Mutter. Ausstellen – ja gerne: Aber doch nicht die abgeliebten Puppen der Kinder. Auch gab es hier und da noch ein paar kleine Probleme, mit denen die – in diesem Punkt – anspruchsvolle Schöpferin nicht zufrieden war. Aber sie wäre nicht „die" berühmte Käthe Kruse geworden, hätte sie sich nicht mit Feuereifer und Diplomatie ans Werk gemacht. Erst kam das diplomatische

Aus dem Bilderbuch: Max Kruse ist gerade (1907) Professor geworden. Tochter Fifi hält sehnsüchtig Ausschau nach dem Vater und ruft: „Komm Professor!"

Aus dem Bilderbuch: Die hohe Kunst und die mütterliche Fürsorge eines Klein-kindes. Das einjährige Mimerl putzt die Nase des marmornen Nietzsche

Aus dem Bilderbuch: Die beiden „Mühm-chen (Mimerl und Fifi) pflücken Blümchen". Die Schwägerin Anna hatte einst darüber ein Kinderlied gedichtet, das hier von Käthe Kruse im Bild zitiert wird

Aus dem Bilderbuch: Das Grammophon,
der Wunderkasten, spielt, und mit
wehenden Röckchen hüpfen ihre beiden
Mäuschen – ganz einfach und sehr
ausdrucksvoll zugleich

Aus dem Bilderbuch: Typisch für Käthe
Kruses Art, vereinfachend nur das
Wesentliche darzustellen, ist auch dieses
ruhige Bild von ihrem Blumen
sammelnden Töchterchen

Aus dem Bilderbuch: Mimerl und Fifi
füttern die Tauben in Venedig

Kunststück. Max Kruse, an einem Entwurf für das Niederwalddenkmal arbeitend und ganz vergraben in diese Aufgabe, mußte den Puppenköpfen zur Hilfe eilen. Obwohl Käthe Kruse in München einen Fiamingokopf gefunden hatte, der, mit Stoff überzogen und dann mit Wachs ausgegossen, der neuen Puppengeneration die grundlegende Form gab, blieben die Nasen ein Problem. Max Kruse half mit seinem Bildhauerwissen. Käthe stellte eine Puppengruppe in die Weihnachtsausstellung und bekam das höchste Lob: Sie habe „das Ei des Kolumbus gefunden", rühmte die Schriftstellerin Anna Plotow das Knuddelpuppenkind mit dem schmollenden Ausdruck.

Von nun an bestimmte die Puppenherstellung nicht nur Käthe Kruses Leben, sondern das der ganzen Familie. Dem Überraschungserfolg folgten Neugier, die ersten Bestellungen, Versuche fabrikmäßiger Herstellung und dann ein Auftrag aus Amerika. 150 Puppen sollten in wenigen Wochen geliefert werden. Sohn Michael war gerade erst einige Monate alt. Stolz war Käthe Kruse und mutig. 28 Jahre war sie alt, voller Kraft und Entschlossenheit.

Die Wohnung wurde zur Werkstatt. Brummend stapfte Max Kruse abends über Puppenkleider, Körper, Puppenarme, Beine, kippte den Wirrwarr von einem Stuhl, um sich irgendwo niederlassen zu können und grollte. Trotzdem half er, drückte „mit den geliebten breiten Pfoten" Puppenköpfe in die Formen.

Kein Wunder, daß der Erfinder auf Abhilfe sann und sie fand: Er ließ einige Jahre später ein Verfahren zur Herstellung von Puppenköpfen patentieren. Spätestens ab dem Jahr 1927 wurden die Puppen mit einem Balancier geprägt.

Die ersten Puppen schaukelten per Schiff gen Amerika, da stellte sich heraus, daß der Maler in der Eile einen Teil der Köpfe mit Temperafarbe bemalt hatte. Nicht nur die Puppenaugen lösten sich in farbige Bäche auf – auch Käthe Kruses zweite Karriere schien sich aufzulösen. Monate später kam finsterblickend der Auftraggeber aus Amerika in die Fasanenstraße. Käthe Kruses offensichtlich ehrliche Zerknirschtheit vertrieb die Gewitterwolken. Ohnehin: Die Käthe Kruse Puppe hatte überzeugt. Falls sich die „Kinderkrankheiten" gegeben hätten, wollte der Herr aus Amerika weitere 500 Puppen. Damit war die Entscheidung über die Zukunft gefallen.

Die Käthe Kruse Puppe wurde produziert – und zwar in der eigenen Firma der Schöpferin. Anders wäre es nicht „die Käthe Kruse Puppe" geworden und geblieben.

Eine historische Aufnahme einer von Kämmer & Reinhardt gefertigten Kruse Puppe. Nur ein halbes Jahr stellte 1911 die Firma diese Puppen her – danach löste man in gegenseitigem Einverständnis den Vertrag wieder. Käthe Kruse fand die Puppen völlig mißlungen („wie blaugefrorene Flundern…",) Reinhardt hielt sie für unverkäuflich

Puppenreform – Veränderung der Puppen nach der Jahrhundertwende

Mit der sich wandelnden Einstellung zum Kind mußten sich zwangsläufig auch „die heimlichen Miterzieher", die Puppen, verändern. Im 19. Jahrhundert waren die Puppen in erster Linie damenhafte Vorbilder, deren tadelloser Erscheinung Mädchen von klein auf nacheifern sollten. Gegen Ende des Jahrhunderts veränderten sich diese wichtigen Spielgefährten in Richtung Kindlichkeit, die ersten Babypuppen wurden entwickelt, aber noch immer blieb die Puppe ein Appell an das „rechte Wohlverhalten".

1910 wurden im Berliner Tageblatt die herkömmlichen Puppen folgendermaßen beschrieben: „Sie sahen etwa so aus, wie brave Mustergouvernanten möchten, daß brave Musterkinder aussehen sollten: Artig, wohlgebräunt, rosig und dumm." Das klingt, als wäre der Verfasser ein Gegner dieser „ausdruckslosen Herdenpuppen", wie er wenig schmeichelhaft (und auch nicht ganz gerecht) die gewohnten schönen Porzellanpuppen titulierte, aber weit gefehlt: Er verteidigt sie gegen eine neuaufkommende Mode: Puppen mit stark ausgeprägtem Gesichtsausdruck, kurz Charakterpuppen genannt. Was war geschehen?

Völlig unabhängig voneinander machten sich in den ersten Jahren des neuen Jahrhunderts an den verschiedensten Orten Künstler, Pädagogen oder einfach Leute, die Kinder mochten, Gedanken über Spielzeug zum Liebhaben. Margarethe Steiff entwickelte ihre Kuscheltiere und bald darauf (1907) auch Stoffpuppen. Der deutschstämmige Albert Schoenhut in Philadelphia wiederum setzte auf die Schönheit und Haltbarkeit von Holzspielzeug. Er schnitzte in Gelenken bewegliche Tiere, Figuren, später auch Puppen. In Amerika begannen mehrere Firmen (ich habe 14 gezählt) Stoffpuppen herzustellen. Mit Aufmerksamkeit verfolgten die Zeitschriften diese Entwicklungen und im Januar 1906 schreibt das Wiener „Das Blatt der Hausfrau" unter dem Titel „Spielzeug oder Kunstwerke": „Zwei Strömungen gehen durch die moderne Spielzeug-Industrie; die einen sagen, es soll für die Kleinen eine Welt im Kleinen sein: das Mädchen glaubt, daß die Puppe ihr Kind ist, also schaffen wir Puppen, die den lebendigen Menschen in Formen,

Puppen dienten zur intensiven Rollenvorbereitung für wohlerzogene künftige
Damen

Ausdruck, Kleidung möglichst nahe
kommen. Die anderen sagen, das
Kind verfügt über ein solch
Übermaß an Phantasie, daß es nur
eines guten und charakteristischen
Anhalts bedarf, um einfach alles aus
dem Spielzeug zu machen. Das
sind die beiden Hauptströmungen
heute…" Treffend ist in diesem
Artikel der Konflikt erfaßt, den die
Puppenhersteller in den folgenden
Jahren miteinander austrugen. Allen
aber war ein Grundgedanke
gemeinsam: Man ließ den
pädagogisch erhobenen (Puppen-)
Zeigefinger sinken und wollte nicht
mehr „Puppenvorbilder", sondern
„Kinderebenbilder" machen. Lange
genug hatte man versucht zu
erzwingen, daß die Kinder wurden
wie die Puppen. Der Erfolg war
gering. Wuchsen die Kinder des
19. Jahrhunderts noch unter starkem
erzieherischen Überdruck auf und
krümmten sich wie das oft zitierte
Häkchen beizeiten, so brachen die
hohen Dämme entsprechend
schnell, als eine etwas verständnis-
vollere Einstellung zu Kindern
„modern" wurde.
„Allen Gouvernanten zum Trotz
bekam auf einmal jedes Mädchen
seinen eigenen Kopf. Das war arg
genug. Jetzt aber, nachdem die
Mädchen längst begonnen hatten,
sich als Charaktere, Individuen und
Persönlichkeiten zu fühlen, machten
es ihnen sogar die Puppen nach.
Das ist ohne Zweifel ein Vorzeichen
des nahen Weltuntergangs.", faßt
ironisierend ein Journalist des
Berliner Tageblatts die besorgt-
entrüsteten Stimmen über die nicht
mehr braven Puppenkinder
zusammen.
Tatsächlich steckt ein sehr
wichtiger Wandel hinter dieser
Puppenveränderung. Deshalb auch
die überraschende Flut von Zeitungs-
artikeln zu diesem „kindlichen"
Thema: Bis dahin war es das erklärte
Ziel der Erziehung, das Ausleben

von Launen, die Abhängigkeit von
Gefühlen und Temperamenten zu
unterdrücken. Selbstbeherrschung,
Anpassung an ein unangreifbares,
den Normen entsprechendes
schablonenhaftes Verhalten und
Auftreten sollte dem Kind nicht
zuletzt mit Hilfe seiner Spielsachen,
besonders durch Puppen und
Bücher, beigebracht werden. So
drückt die neue Puppe wohl auch
die aufkeimende Freude manches
Erwachsenen an natürlich-kind-
lichen, unverkünstelten Menschen
aus – vielleicht die Sehnsucht nach
einem Weg, den sie für ihre Kinder
wünschten, da sie ihn als Kinder –
und teilweise auch als Erwachsene –
nicht gehen konnten: Die strenge
Norm außer acht lassen, individuelle
Freiheit gewinnen und Gefühle
zeigen können.
1908 sah man im Münchner Kunst-
verein und dann in Berlin im Warenhaus Tietz die „Münchner Künstlerpuppen" der Gräfin Kaulitz. Diese
deftigen, ländlichen Persönchen,
die haltbare Holzmischmasseköpfe
hatten, wurden mit großer Begeisterung aufgenommen.
Während Käthe Kruse noch ganz
für ihre Kinder und ihre eigene
Überzeugung „liebesfeste"
Stoffpuppen stopfte, brachte die
berühmte Firma Kämmer &
Reinhardt das erste stark realistisch
modellierte Charakterbaby auf den
Markt. Hergestellt auf die
konventionelle Weise mit einem
Porzellankopf, unkonventionell mit
gemalten Augen und Haaren und
einem neu entwickelten
Babykörper. Diese nicht gerade
bezaubernde aber überraschende
Puppe leitete eine ganze Serie
sehr detailliert geformter, bisweilen
etwas verzerrter, aber oftmals auch
besonders reizvoller Charakterpuppen der verschiedensten
Porzellanpuppenfirmen ein.
Im Laufe der Entwicklung zeigte
sich, daß sowohl der Verfasser des

„Münchner Künstlerpuppen" abgebildet in einem Bericht der „Welt der Frau" über eine Ausstellung im Warenhaus Hermann Tietz, 1908 (heute Hertie)

Amerikanisches, unzerbrechliches Spielzeug. Humpty-Dumpty, eine lustige Zirkusgesellschaft.

Spielzeug oder Kunstwerke?

Zwei Strömungen gehen durch die moderne Spielzeug-Industrie; die einen sagen, es soll für die Kleinen eine Welt im Kleinen sein: das Mädchen glaubt, daß die Puppe ihr Kind ist, also schaffen wir Puppen, die den lebendigen Menschen in Formen, Ausdruck, Kleidung möglichst nahe kommen. Die anderen sagen, das Kind verfügt über solch ein Uebermaß von Phantasie, daß es nur eines guten und charakteristischen Anhalts bedarf, um einfach alles aus dem Spielzeug zu machen. Das sind die beiden Hauptströmungen heute, und die zweite ist die modernere, und zu ihr bekennen sich unsere und die deutschen Künstler und ebenso die primitiven bäuerlichen Schnitzschulen, die neben modernen Anregungen sich ohne Zweifel auch auf Ueberlieferung stützen. Einen guten Ueberblick über den Stand der heutigen Bestrebungen — auf beiden Feldern — erhält man, wenn man die gegenwärtige Spielwarenausstellung im Warenhaus Hermann Tietz, Berlin, oder die Dresdner Kunstwerkstätten besucht oder auch in den Münchner Spielwareinläden Umschau hält. Wir in Oesterreich sind da noch zurück. Gewiß steht aber auch dort neben Vortrefflichem weniger Gutes, und wenn man sich ganz auf den Standpunkt der Moderne stellen wollte, so müßte man vieles als falsch und schädlich ignorieren, was man so immerhin als Gegenspiel gelten lassen kann, oder das dadurch, daß die Spiel-

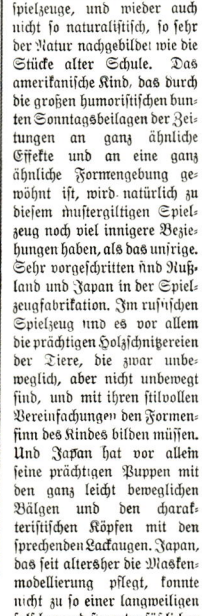

Spielzeug oder Kunstwerke? Kinderfrau mit ihren Schutzbefohlenen.
Puppen von Professor Leffler und Ferdinand Graf vom Hagenbund auf der Spielzeugausstellung von Hermann Tietz, Berlin.

warenindustrie eines fernen Landes repräsentiert, uns kulturell fesselt. Auch Amerika sendet uns bereits sein Spielzeug — wir bringen hier den Zirkus — das im Charakter schon etwas von Cakewalk, Yankeedoodle und Mark Twain hat, im übrigen als Spielzeug geradezu mustergiltig ist. Die Stücke sind unverwüstlich, nach allen Seiten bewegbar, nicht plump und auf wenige Formen reduziert, wie unsere Künstlerspielzeuge, und wieder auch nicht so naturalistisch, so sehr der Natur nachgebildet wie die Stücke alter Schule. Das amerikanische Kind, das durch die großen humoristischen bunten Sonntagsbeilagen der Zeitungen an ganz ähnliche Effekte und an eine ganz ähnliche Formengebung gewöhnt ist, wird natürlich zu diesem mustergiltigen Spielzeug noch viel innigere Beziehungen haben, als das unsrige. Sehr vorgeschritten sind Rußland und Japan in der Spielzeugfabrikation. Im russischen Spielzeug sind es vor allem die prächtigen Holzschnitzereien der Tiere, die zwar unbeweglich, aber nicht unbewegt sind, und mit ihren stilvollen Vereinfachungen den Formensinn des Kindes bilden müssen. Und Japan hat vor allem seine prächtigen Puppen mit den ganz leicht beweglichen Bälgen und den charakteristischen Köpfen mit den sprechenden Lackaugen. Japan, das seit altersher die Maskenmodellierung pflegt, konnte nicht zu einer langweiligen falschen und stereotyp süßlichen

Rege Diskussionen fanden in mehreren Zeitschriften über die Art des richtigen Spielzeuges statt; Ausschnitt aus „Das Blatt der Hausfrau", 1906

links:
Solche Zelluloid-Köpfe mit Lederkörper wurden zwar von Käthe Kruse – wie alle anderen Puppen auch – für unnatürlich und deshalb untauglich erklärt, waren aber durchaus eine vernünftige und beliebte Alternative zu den steifen und zerbrechlichen Porzellanpuppen

rechts:
Ein rotbackiges Landkind aus Holzmasse von Marion Kaulitz

Artikels im „Berliner Tageblatt" – der vermutete, daß die Charakterpuppen zwar die Erwachsenen begeisterten, aber für Kinder zu festgelegt in ihrem Ausdruck wären – als auch der Verfasser des Wiener „Spielzeug oder Kunstwerk Artikels" – der die Ansicht vertrat, Spielzeug solle nur eine charakteristische Anregung, einen „Grundappell" enthalten, ansonsten aber die kindliche Phantasie nicht zu sehr einengen – Recht behielten. Obwohl in den ersten Jahren nach dem Erscheinen der fabrikmäßig hergestellten Charakterpuppen imponierende Verkaufsergebnisse erzielt wurden, flachte das Interesse besonders an den extrem modellierten Charakteren sehr schnell wieder ab. Das „süße Baby" und das „niedliche Kind" blieben Sieger unter den Porzellanpuppen. Gleichzeitig aber ging die Entwicklung insgesamt weg von den zerbrechlichen Puppen hin zum haltbaren Material.
Solange die Puppe mit dem pädagogischen Hintergedanken der Erziehung zur Sittsamkeit, Sorgfalt, Ordnung und Behutsamkeit dem Kind gegeben wurde, waren die zerbrechlichen Materialien nicht von gravierendem Nachteil.

Eher sogar – etwas überspitzt – ideal, da eine zerbrochene Puppe der stürmischen, unachtsamen Puppenmutter auf das Anschaulichste und Schmerzhafteste die eigene Verfehlung vor Augen führte. Auf diese Weise tief getroffen, mühte sich das Kind nun um verdoppelte Sorgfalt, wenn endlich das Püppchen mit erneuertem Kopf wieder unter dem Weihnachtsbaum saß. Von diesem drückenden Zwang zu dauernder Übervorsicht wollte die modernere Pädagogik das Kind befreit wissen. Die Puppen sollten treue Begleiter sein können und nicht jede Laune bitter verübeln, sie sollten weich genug für Liebkosungen, aber auch haltbar genug für die nicht immer nur zarten puppenmütterlichen Tätigkeiten sein. Die Versuche waren sehr unterschiedlich: Metallköpfe und Gummiköpfe, Holzpuppen und Zelluloidpuppen, Mischmasse- und Stoffkinder wurden gefertigt. Das preisgünstige Zelluloid (in den 50er Jahren Tortulon) setzte sich im Lauf der Jahrzehnte durch, bis es von anderen Plastikmischungen verdrängt wurde. Aber es war weder vollkommen unzerbrechlich noch weich genug, noch schwer genug, um das echte „Kindchengefühl" zu erzeugen. Ähnlich verhielt es sich mit den Mischmassepuppen.
Stoff war sicher von allen das angenehmste „Schmusematerial", zudem, bei richtiger Vorbehandlung, sehr haltbar. Einen Stoffkörper konnte man ohne Probleme auch schwerer machen – kurzum, das ideale Material, aber teuer in der Verarbeitung, die nur sehr begrenzt maschinell übernommen werden konnte, und nicht einfach zu modellieren. Käthe Kruse hatte sich jedoch nicht das einfachste, sondern das

Ein typisches „süßes Baby". Halsmarke: Simon & Halbig

„richtige" Material aussuchen wollen. Und – ganz sicher ohne einen Artikel der zeitgenössischen pädagogischen Erörterungen gelesen zu haben – wußte sie aus ihrer mütterlichen Beobachtung genau, welches die „richtige" Form sein mußte. Also drückte sie auf vereinfachte Weise das typisch niedlich Kindliche aus, ein breites knuddeliges Körperchen mit rührend ausgeformten Knien und einwärts („über den Onkel") gedrehten Füßen. Ein rundes Köpfchen mit weichem Hinterkopf, festerer Gesichtsmaske, gemalten Haaren und lieben, leicht schmollenden Zügen.

In ihren Lebenserinnerungen sagt Käthe Kruse, daß sie immer wußte, wie eine richtige Puppe zum Liebhaben sein mußte. Daß sie nicht nur ein bestimmtes Aussehen haben mußte, sondern auch den stark ausgeprägten Berührungsbedürfnissen der Kinder in Form und Material gerecht werden mußte, um das richtige Gefühl auszulösen, lernte sie von ihrem Mann. Einer seiner Lehrsätze hieß: „Gefühl kommt von Anfühlen". Käthe Kruse wandelte diesen Satz leicht ab in: „Liebe ist umarmen wollen, zärtlich sein dürfen,

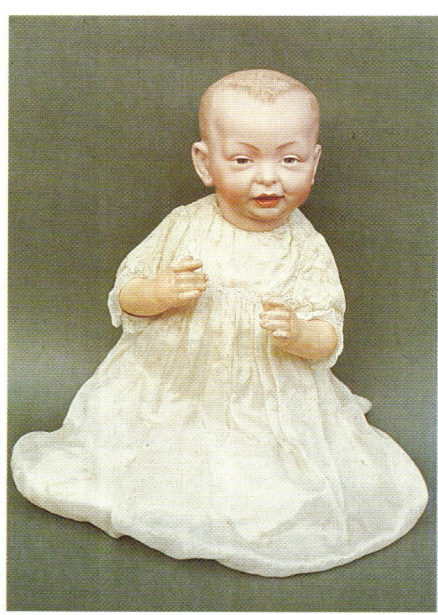

Das Charakterbaby mit der Halsmarke 100 von Kämmer & Reinhardt, das 1909 erschien und 1910 – zu Käthe Kruses Entsetzen – ein riesiger Verkaufserfolg wurde

streicheln, sorgen, pflegen dürfen. Man liebt nicht, ohne den Wunsch, es umarmen, wenigstens anfühlen zu dürfen."

Die eigentliche Puppenreform bestand darin, daß das Kind nicht mehr eine Puppe zum Erziehen bekam, um eigene Erziehungs-schmerzen und Gelüste darin aus- und durchzuleben. Nicht mehr die pädagogische Rückwirkung (Weber-Kellermann, „Die Kindheit") mit dem zentralen Thema der Erziehung zum Bravsein war der Sinn des Puppenspiels, sondern das „Liebhaben und Umsorgen" wurde Hauptthema – und natürlich auch wieder pädagogische Absicht: „Ein Kind für ihr Kind" war die Devise der Käthe Kruse Puppen. Bald aber hieß es auch „Erziehung zur Mütterlichkeit durch Käthe Kruse Puppen". Zweckfreie Freude und schlichte Antwort auf kindliche Bedürfnisse gestand sich selbst die modernere Elternliebe nicht zu.

Käthe Kruse äußerte sich später hierzu:

„Mir war der Gedanke an eine Puppe von Anfang an sofort an den Wunsch geknüpft „ein Kind für das Kind". Ach, wie weit sind die Puppen im allgemeinen von diesem Begriff entfernt. Wenn die Mutterliebe das größte der Gefühle ist, dann muß die Puppe dazu helfen können, das Kind auf diese mütterliche Liebe vorzubereiten. Das tut sie aber nicht auf dem Wege über die Augen, o nein. Ich möchte fast sagen: überhaupt nicht durch das Auge, obgleich ein wunder-bares Bild, eine zauberhafte Landschaft Entzücken und Ergriffenheit hervorrufen. Aber mütterliche Liebe? – Ach, die will umfangen, trösten, streicheln, sich ausströmen dürfen um ein geliebtes Wesen, darin verändert sie sich nicht, auch wenn sie 80, und der Sohn, das Kind also, vielleicht 60 ist.

Es bleibt, wenn es naturgemäß ist, das Geliebte.

Wenn also die Puppe einen Sinn haben soll im Leben des Kindes, dann muß sie ihm helfen, dieses Gefühl frühe schon auf den rechten Weg zu führen. Der Ernst des Lebens ist so schön. Das Lieben-dürfen ist so unendlich viel schöner als das Geliebtwerden. Was hat man schon davon? Und gerade unsere heutige Zeit braucht, glaube ich, dieses Lieben-und-Verstehen-und-ein-bißchen-selbstlos-sein-Können mehr als alle voraus-gegangenen. Denn noch nie wohl war die Welt und war der Mann, der immer irgendwie draußensteht, so verschlungen und preisgegeben wie heute. – Aber das führt zu weit. Ich wollte ja von der Aufgabe sprechen, die die Puppe im Arme des Kindes zu erfüllen hat. Jawohl, im Arme. Unwillkürlich ist mir das herausgesprungen. Der Weg zum Herzen geht nicht durch die Augen, wenigstens nicht ausschlaggebend, sonst wären ja blinde Menschen und blinde Tiere zur Gefühllosigkeit verurteilt, was aber ganz und gar nicht der Fall ist. Im Gegenteil. Wir fühlen mit der Hand, und deshalb muß, was wir zärtlich lieben sollen, sich zärtlich anfühlen. Der Apfel, so sagt später wieder mein geliebter Bildhauermann, ist das ideale Formgebilde. Wenn du die Hand zu weit aufmachen mußt, so hast du das zärtliche Gefühl nicht mehr. Und deshalb also: „Das Gefühl der Hand ist identisch mit dem Gefühl des Herzens." Und auf die Puppe angewandt muß sie eigentlich warm und weich sein und auch der Hand des Kindes d.h. seinem Größenalter angepaßt sein. Auch eine gewisse Schwere müßte sie haben, und kaputt gehen darf sie natürlich eigentlich nie! Ich selbst sollte als Kind noch mit Papiermaschee-Gelenk-Puppen mit Porzellanköpfen spielen, aber

ich konnte es unwillkürlich nicht. Ach, ich glaube (man möge mir verzeihen) – ich glaube, daß eben Puppen nur von Frauen gemacht werden können. Nein, der Leistungsbereich des Mannes ist wohl eben in allem verschieden von dem der Frau, und die Männer können fabelhaft denken und forschen und erfinden und konstruieren und basteln. Aber Puppen machen – – – ach nein, bitte das können sie nicht. Und wenn sie's tun, dann kommen eben materialgerechte und wohl-berechnete, alle möglichen Verkaufsbedingungen in Betracht ziehende Gebilde heraus, kokett und zierlich, hübsch zum Ansehen, aber sehr rasch wandelbar, wie eben ihr Liebesgefühl ist. Was die heutigen amerikanischen Puppen daneben alles „können", das ist wirklich erstaunlich, aber es spricht nicht zum Herzen. Denn Natürlich-keit und Naturalismus sind feindliche Brüder, und nur aus dem eigenen Herzen geht der Weg zum fremden Herzen. Auf diesem Wege habe ich die mich sehr beglückende Erfah-rung gemacht, daß die Sprache des Herzens sogar international ist! Daß, um beim Beispiel zu bleiben, meine Puppe, die aus lauter Zärtlichkeit entstanden ist, wie z.B. auch die weichen Stofftiere der Margarete Steiff, von jeder Mutter, ganz gleich welcher Nationalität, geliebt und verstanden wurde, haben mir zahllose Briefe aus aller Welt bewiesen, die ich vor dem Ersten Weltkriege bekam."
(Käthe Kruse, „Wie das so kam", 1956)

Thilde Mangesius – Eine Puppenmacherin aus Siebenbürgen

Eine auffallend ausdrucksstarke, entfernt an Kruse Puppen erinnernde Stoffpuppe, die aber dennoch nicht aus diesem Elternhaus zu stammen schien, erregte meine Neugier. Ich fragte, wälzte alle erreichbaren Bücher – ohne Erfolg. Bis durch Zufall eine gebürtige Siebenbürgerin aus Hermannstadt (jetzt Sibiu) von meiner Suche nach dem Ursprung der Puppe erfuhr. Sie wußte sofort, wovon einzig die Rede sein konnte: von einer Mangesius-Puppe.
In ganz Siebenbürgen waren diese Puppen berühmt, sie wurden sogar ins Ausland exportiert und tauchen sowohl in Deutschland als auch in den USA gelegentlich auf. Niemand aber konnte sie bisher einordnen, das Wissen über ihren Ursprung ist nur noch bewahrt in der Erinnerung ehemaliger Hermannstädter und in ihrem Museum in Gundelsheim. Da es sich um besonders liebenswerte Stoffpuppen handelt, mir aus vielen – auf eine Zeitungsannonce hin an mich gerichteten Briefen – die wehmütige Erinnerung: „die Kruse- und die Mangesius-Puppen waren die schönsten, die es je gab", entgegenklang, möchte ich dem Andenken an Mathilde Friederike Mangesius, die nicht nur vergleich-bare Puppen schuf, sondern auch ein ähnlich liebenswertes Wesen gehabt haben muß wie ihre berühmte Zeitgenössin, ein kurzes Kapitel widmen.
„Thilde" Mangesius kam 1 Jahr nach Käthe Kruse, 1884, in Bukarest zur Welt, wo ihr Vater als Vertreter einer deutschen Firma arbeitete. Nach dem Ersten Weltkrieg zog die Familie nach Hermannstadt zurück, wo sie bis zu ihrem Tode 1969, wiederum ein Jahr nach dem

Siebenbürgener Trachtenpuppe von
Thilde Mangesius. 1938, 38 cm

Lebhaft getönte Puppe mit der gleichen
Gesichtsmodellierung und dem gleichen
Körperschnitt, vermutlich auch von Thilde
Mangesius

Tode von Käthe Kruse, lebte. Ihre erste Puppe muß sie ungefähr 1919 gemacht haben und zwar für das Töchterchen einer Familie im gleichen Haus. Anscheinend hatte ihr Vater eine Käthe Kruse Puppe aus Deutschland mitgebracht, deren Stil sie nachempfand. Jedenfalls fertigte auch sie einen Schnitt für Körper und Gesicht, stopfte beides mit festem Material – z.B. Roßhaar oder Stroh – und modellierte das Gesicht erstaunlich ausgeprägt, indem sie es mit Masseform unterlegte, über die dann der Stoff gespannt wurde. Die Wangen waren deutlich ausgeprägt und sie bemalte ihre Puppen häufig lebhafter als Käthe Kruse dies tat. Der Mund behielt seine natürliche Linie und die Augen wurden etwas größer gemalt als die der Kruse Puppen. Der Körper war einfach gestaltet, die Schuhe sogar gelegentlich auf den Stoff der Füße aufgemalt. Auffallend waren die Ohren, die eigentlich nur als zusammengezogenes Stoffstück einzeln an den Kopf genäht wurden. Die Exemplare, die ich sah, haben gemalte Haare. Im Siebenbürgischen Museum in Gundelsheim scheint es aber auch Puppen mit Haaren zu geben, die möglicher-

weise von Frau Mangesius hergestellt wurden.

Da ihre ersten Puppen bei den beschenkten Kindern Begeisterung auslösten, begann Frau Mangesius ein kleines Atelier einzurichten und verlegte sich ganz aufs Puppennähen. Ein Fenster dieser Werkstatt war immer mit ihren Schöpfungen dekoriert und im Hermannstädter Kunstgewerbeverein konnte man sie sehen – im übrigen wurden sie nur durch Mund-zu-Mund-Propaganda bekannt. Trotzdem erhielt sie viele Aufträge. Sie fertigte verschiedene mittlere Größen und zog sie entweder als einfache Kinder oder aber als Trachtenpuppen an. Da sie jedoch ganz ohne „Fabrikapparat" und vermutlich ganz allein arbeitete, scheint sie sich auch häufig – sowohl in Größe und Aussehen als auch in Kleidung – nach den Wünschen ihrer Kunden gerichtet zu haben. Sie soll eine sehr liebenswerte Frau gewesen sein, von der eine Siebenbürgerin – diejenige, die als Kind die erste Mangesius-Puppe bekam – berichtete, daß sie in hohem Alter noch immer „leuchtende Augen und ein wunderbar junges Wesen" gehabt habe.

Stoffpuppen, die vor oder gleichzeitig mit den ersten serienmäßig gefertigten Käthe Kruse Puppen hergestellt wurden

Zeit	Hersteller	Name	Merkmale
1860 – 75	Georg Herzel, Deutschland		Wachsgesichtsmaske, mit Stoff überzogen
1891 – etwa 1914	Emma und Marietta Adams, USA	Columbian Doll	ganz aus Stoff, Haare und Gesichtszüge handgemalt
1893 – Gegenwart	Martha J. Chase, USA	Chase Stockinet Doll	Stoff und Trikot ölbemalt, gemalte Haare
1893 – 1910	Julia Beecher, USA	Missionary Ragbabies	Ganz Stoff, Handarbeit, durch Nähte geformte Gesichtszüge, Wollhaare
ab 1896	Bedruckte Stoffpuppen verschiedener Firmen		
1899 – 1923	Art Fabrik Mills, USA	Art Fabric Mills, New York	Bedruckter Stoff zum Ausschneiden und Zusammennähen
ab 1900	J. B. Sheppard & Co, USA	Philadelphia Baby	Ganz Stoff, stark modellierte Gesichtszüge, gemalte Haare
ab 1901	Albert Brückner, USA	Brückner Rag Doll	Ganz Stoff, versteifte Gesichtsmaske (!) u.a. Topsy-turvy-Puppen
ab 1903	Deans Rag Book Company, England		Gedruckte Stoffpuppen, ab 1920 Filzgesichter, dann Samtgesichter
1904 – 1920	E. J. Horsman, USA	Babyland Rag	Ganz Stoff, 30 -76 cm, Perücke, zuerst gemalte, später bedruckte Gesichter, auch Topsy-turvy-Puppen
von 1904 an (Patent 1905)	Ella Smith Doll Co, USA	Alabama Indestructible Doll	Ganz Stoff, einzeln angenähte Ohren, gemalte Schuhe und Strümpfe
1906	Fritz Bierschenk, Deutschland	Stockener Puppe	Mit Ölfarben bemalter Stoffkopf
1907	Margarethe Steiff	Steiff	Lustige Stoffpuppen
von 1909 an	Verschiedene Firmen	Grace G. Drayton	Lustige kleine Stoffiguren, auch Tiere, weich und einfach

ab etwa 1920	(Stoff)	Thilde Mangesius (siehe Seite 43)
		Lenci, Italien; Kamkins, USA; Poir (Frankreich),
		Raggedy Anne und Andy, USA; Norah Wellings, USA

Andere Materialien (außer Porzellan)

ab etwa 1894	(Metall)	Minverva	(Buschow & Beck)
		Juno	(Karl Stanfuss)
		Diana	(Alfred Heller)
ab etwa 1820	Papiermaché, verschiedene Firmen		
ab etwa 1851	Gummi, verschiedene Firmen		
ab etwa 1906	Holzmischmasse, Künstlerpuppen		

Dieser Bing-Puppenknabe hat gerade
viel zu trinken bekommen... Der „Kruse-
Stil" wurde hier sehr grob vereinfacht
nachgeahmt

Geheimnisse des Erfolges

Die meisten der Frauen, die damals auch Stoffpuppen fertigten, sind heute vergessen. Käthe Kruse aber wurde mit ihren Puppen zu einer der berühmtesten Frauen ihrer Zeit. In ganz Europa und Amerika ist sie heute noch ein Begriff. Warum gerade sie, warum gerade ihre Puppen?

Erfolg ist ja nur zum Teil das Ergebnis einer interessanten Arbeit – zum anderen wird er entscheidend davon mitgeprägt, welche Persönlichkeit dahintersteht. Hier waren Käthe und Max Kruse genau Gegentypen. Während es ihm unmöglich war, den wohlverdienten Erfolg, sowohl in bezug auf das Renommee als auch auf die Finanzen, seiner großen Ideen (zum Beispiel Rundhorizont, Bildhauerkopiermaschine) und seine hervorragenden Plastiken gegen Schwierigkeiten und Abgestumpftheit durchzusetzen, war Käthes Erfolg und Nimbus geradezu von außergewöhnlicher Größe. Der Schriftsteller Max Kruse, jüngster Sohn des Künstlerpaares, sieht das heute so: „Die Firma war klein, ihr Name war groß, unverhältnismäßig groß. Da blieb immer eine Diskrepanz, die sie mit ihrer Persönlichkeit ausfüllte." Und „was dem Vater

fehlte, die Vitalität und das Durchsetzungsvermögen, die Kunst der Menschenbehandlung auch, das alles besaß sie im Übermaß." Und zur Frage nach dem Geheimnis ihres Erfolges: „Unermüdlichkeit, eine bis zur Penetranz gesteigerte Akribie, überschäumende Vitalität und Herzlichkeit hatten sie zu dem gemacht, was sie war." (Max Kruse: „Die versunkene Zeit")

Mit dem gleichen absoluten Einsatz, den Käthe auch zuvor als Schauspielerin, dann als gelehrige Schülerin der Gedankenwelt ihres Max an den Tag gelegt hatte, ging sie an die neue Aufgabe, die sie immer mehr gefangennahm, je länger sie darüber nachdachte. Sie wurde immer kompromißloser und überzeugter, verstand letztendlich ihre Arbeit als einen wichtigen kulturellen Beitrag. „Einfach darf Spielzeug sein, billig darf es sein, nur Schund darf es nicht sein. Geschmack muß erzogen werden. Geschmackserziehung ist der Weg zur Kultur, den wir suchen und gehen müssen. Das ist der Grundgedanke meiner Arbeit gewesen." (Käthe Kruse: „Das große Puppenspiel")

Sie hielt die richtige Puppe für eine entscheidende Hilfe für die

Entwicklung des Gefühls. „Am Ende steht die Erkenntnis, daß alle Form sich an die Hand, nicht an das Auge wendet. Es ist eine Erkenntnis, die nicht ohne Einfluß sein kann auf die Gestaltung unseres Lebens, nicht nur des äußeren Lebens und unserer Umgebung, sondern vor allem auf die Entwicklung unseres Gefühlslebens." (Käthe Kruse: „Großes Puppenspiel")

Dieses leitet über zum zweiten Grund ihres einzigartigen Erfolges: „Ich aber glaube, daß Erfolg und Wirkung immer in unmittelbarem Verhältnis zur aufgewandten Mühe stehen. Man darf es sich nicht bequem machen." Neben der unermüdlichen Arbeit – in die sie später je nach Bedarf und Talenten auch die Kinder einspannte – und dem Berge versetzenden Sendungsbewußtsein machte sie sich wohl die meiste Mühe darum, genau die richtige Form im Stoff wiederzugeben. Betrachtet man die zeitgenössischen Stoffpuppen, so wirken alle im Vergleich platt und ausdruckslos. Erst ein Jahrzehnt später kommen zum Beispiel mit den Filzpuppen von Elena Scavinci – die Lenci-Puppen, ausdrucksstarke, im Typ aber völlig andere Stoffpuppen – auf den Markt. Den rührenden Ausdruck, den Käthe Kruse in Stoff darzustellen lernte, den „stillverwunschenen Blick", den die Augenmaler genau treffen mußten, bevor eine Puppe die Werkstätte verlassen durfte, erreichte keine andere Stoffpuppe. Sie scheute keine Mühe, bis sie genau das erzeugen konnte, was ihr vorschwebte. Fünf Jahre lang experimentierte sie. Die entscheidenden Hilfen kamen von dem Fiamingokopf, der sie an den Ausdruck ihrer kleinen Kinder erinnerte und von ihrem Mann. Sonst wären die Nasen nie am vorgesehenen Platz geblieben. Mit keiner anderen Stoffpuppe hat sich jemand so viel Mühe gemacht: Den Hinterkopf weicher gelassen als die Gesichtshälfte, mit zwei Abnähern den leicht schmollenden Ausdruck verstärkt, den Körper so rundlich tapsig, Knie, Zehen und Finger so liebevoll ausgeformt. Und keine Puppe ging auf die Reise, ohne daß Käthe Kruse sie nicht selbst genauestens begutachtet hätte, ob sie auch den gewissen „Käthe Kruse Ausdruck" habe. Jede einzelne Puppe war ihr wichtig. Was sollte die künftige Puppenmutter denn mit einem nicht lieb schauenden oder gar schielenden Kind machen? Kein professionelles „Fabrikantenvorgehen" war das, lästig für die Mitarbeiter, zeitraubend, teuer. Aber es war typisch und machte ihre Puppen zu dem elitären Qualitätsprodukt, als das sie in aller Welt berühmt wurden. „Was ich wollte, war ja das genaue Gegenteil von seelenlosen Massenpuppen", sagte Käthe Kruse rückblickend.

Ohne Amerika hätte möglicherweise die Käthe Kruse Puppe nie ihren Siegeszug antreten können. Obwohl man in Deutschland immer ein bißchen so tut, als sei die Stoffpuppe eine geniale deutsche Idee, waren ja in Wirklichkeit die Amerikaner schon einige Jahre voraus. Amerikanische Mütter und Kinder kannten also bereits Stoffpuppen und kauften sie. Deshalb hatte gerade ein Amerikaner damals den Blick und den Mut, von der brandneuen Kruse Puppe gleich 150 Stück zu bestellen. Und das erklärt auch, warum diese Puppen trotz der ersten Kinderkrankheiten in Amerika so bereitwillig vom Markt angenommen wurden. Dort waren Stoffpuppen schon seit einiger Zeit als besonders kindgerecht empfunden worden, aber die Kruse Puppen waren viel entzückender als alles, was bisher auf den Spielzeugregalen stand.

Zeitgenössische Stoffpuppen. Der linke Nackedei kann entweder von Poir (Frankreich) oder Chad Valley (England) hergestellt worden sein. Rechts noch einmal die Kruse-Nachempfindung von Bing. Alle Anfang der zwanziger Jahre

Kämmer & Reinhardt – eine Firma, die immer einen wachen Instinkt für wegweisende Neuheiten bewiesen hatte – erkaufte für 5.000 Goldmark (eine sehr hohe Summe nach damaliger Kaufkraft) die Herstellungsrechte. Aber genau das, was dieser Puppe die Ausstrahlung gab, konnte man nicht in maschineller Massenfertigung erreichen. Trotz monatelangen Bemühens beider Seiten um Verbesserung der von Kämmer & Reinhardt produzierten Kruse Puppen mußte man den Versuch aufgeben. Später kreuzten Käthe Kruse und der Herr „Kommerzienrat" (Franz Reinhardt) in Artikeln zwar mit gegenseitigem Respekt, aber doch aufs Schärfste die Klingen über die Frage, welche Puppe von den Kindern am meisten geliebt würde. Direkt nach Fertigstellung ihrer ersten Lieferung nach Amerika versuchte Käthe Kruse noch ein zweites Mal die Fertigung aus der Hand zu geben. Zu turbulent und schwierig schien es, Puppenfabrikation, Künstlerehe und vier kleine Kinder unter einen Hut zu bringen. Der Gedanke, ihre kindgerechte Puppe nicht herzustellen, war für die vitale „Überzeugungstäterin" schon unvorstellbar geworden.

Sie schickte also am 7.11.1911 ihre Schnitte nach Ilmenau zu der Firma Fischer, Naumann & Co.. Auch dieser Firma scheint die aufwendige Herstellungsweise nicht möglich gewesen zu sein. Mir ist keine einzige von ihnen produzierte Puppe bekannt, es existiert nur eine Anzeige über den Verkauf dieser Puppen. Möglicherweise übernahm die Firma noch eine zeitlang den Vertrieb.
Zur Sommerfrische war die Familie in Bad Kösen, der Auftrag über 500 Puppen nach Amerika lag einladend bereit. Käthe Kruse handelte mit der ihr eigenen Entschlossenheit. Ohne viel zu fackeln, mietete sie ein Wohnhaus und ein zweites für die Puppenfertigung. Ihr Maler Beyer übersiedelte mit aus Berlin. Die Käthe Kruse Werkstätten nahmen die Fertigung auf.
Die junge ehemalige Schauspielerin, vierfache Mutter, die gleichzeitig ihr nächstes Kind erwartete, wurde ohne viel Aufhebens eine Unternehmerin. Ihre Überzeugung, auch der Spaß an der Sache, gepaart mit einem großen Perfektionsanspruch, führten zwangsläufig dazu.

Max Kruse mied den Trubel, blieb in seinem Künstleratelier, wurde wieder Wochenend- und Feriengast.

Mit einer Kraft und einem Durchhaltevermögen, das bei der kleinen zarten Frau immer verblüffte, stürzte sich die frischgebackene Kauffrau in die neue Aufgabe. Und als diese Aufgabe verstand sie durchaus nicht nur die Herstellung der Puppen und einer bezaubernden üppigen Ausstattung (schon im Jahre 1913 werden über 40 verschieden gekleidete und jeweils liebevoll mit einem Namen versehene Puppen I angeboten), sondern auch das Rühren der Werbetrommel. Darin sollte Käthe Kruse in kürzester Zeit Meisterin werden, auch dies ein entscheidender Baustein für ihren Erfolg. Schon im Katalog 1913 ließ sie ihre Puppen in niedlichen Szenen miteinander „leben" und bewies damit auf überzeugende Art, was man mit ihren Geschöpfen alles anfangen konnte. Auch zeigte sich hier ein Wesenszug, den ihr Sohn Max als das Bedürfnis bezeichnete, alles lebendig zu machen, zu beseelen. Der intensive Arbeitseinsatz war, wie sich nachträglich herausstellte, von entscheidender Bedeutung. Schon in den ersten zwei Jahren vor Kriegsbeginn hatte die Kruse Puppe einen so berühmten Namen im Ausland, daß Käthe Kruse sofort nach dem Ersten Weltkrieg an diese Auslandsbeziehung anknüpfen konnte und so in der hoffnungslos miserablen Situation der deutschen Wirtschaft ihre kleine Firma am Leben halten konnte.

Lebensüberfülle:
sieben begabte Kinder

Jochen, der zweite Sohn, wurde 1912 mitten in der Aufbauphase der Firma in Bad Kösen geboren. Kurz vor Kriegsende kam das sechste Kind, der später durch ein Puppenebenbild bekannt gewordene Friedebald zur Welt, drei Jahre später noch Max – das mit dieser Nesthäkchenrolle nicht nur beglückte, sondern auch belastete letzte Kind der Familie. Vater Kruse – inzwischen schon eher eine Großvatererscheinung mit wallendem weißen Bart – hatte also vier Kinder aus erster Ehe und sieben (das tote Bübchen nicht mitgerechnet) mit der zweiten Lebensgefährtin. Er hielt die Fortpflanzung für eine wichtige Bestimmung des Menschen. Daß seine Kinder hoch begabt wären und deshalb schon ihren Lebensweg ohne seine Hilfe finden würden, war für ihn selbstverständlich. Selbst lebte er ein nur auf seine Bedürfnisse abgestimmtes Leben. Von Maria begleitet und versorgt reiste er viel, lebte mal in Italien, mal in Berlin, im Alter vor allem auf der einsamen Lietzenburg auf Hiddensee, die ihm sein Bruder Oskar hinterlassen hatte. Wie so oft hatte er auch in bezug auf seine Kinder recht. Alle – wenn auch auf verschiedenen Gebieten – waren

hoch begabt, einige sogar außergewöhnlich. Doch so sehr einerseits die Künstlereltern diese Begabungen anregten, waren sie vermutlich auch Hindernis für die Kinder. Die zweite Tochter Sofie wäre höchstwahrscheinlich zu großem eigenen Ruhm gekommen, wäre nicht der bekannte Name der Mutter das einzig zulässige Markenzeichen aller Produkte geblieben, die die berühmte Firma verließen. So kommt es, daß heute nur wenige wissen, daß die wunderschönen Köpfe fast aller Schaufensterfiguren – immerhin fast 100 – von Sofie modelliert wurden. Ohne sie hätte die Firma nicht diesen richtungsweisenden Erfolg in der Schaufensterdekoration erringen können.

Aber alle Kinder, die groß genug waren, setzten wenn es nötig wurde ihre Talente mindestens zeitweise zum gemeinsamen Werk ein. Ein entscheidender Bestandteil der Erziehung im Hause Kruse war immer, daß jedes Familienmitglied schöpferisch sein sollte. Vater Kruse ließ sich aus Prinzip überhaupt nichts schenken, auch von den Kindern nicht, was sie nicht „selbstgedacht und selbstgemacht" hatten. Mit diesem „Selbermachtick", wie

Käthe Kruse: Maria und Sofie voller
Erwartung auf ihr neues Geschwisterchen.
Teisendorf, 1909

er gelegentlich erbittert von den Kindern geschimpft wurde, regten die Eltern die Kreativität der Kinder entscheidend mit an. Die Tochter Sofie gab diesem Erziehungsgedanken besonders durch die von ihr entwickelte Modelliermasse neuen Auftrieb (siehe Seite 54).

Maria nahm sich des Vaters an, komponierte aber auch und malte – Talente, in denen sie den Vater an die tiefverehrte Schwester Anna erinnerte. Ebenso rührend wie den Vater umsorgte sie die Mutter in deren letzten Lebensjahren. Ihr Leben war ganz den Eltern gewidmet und ihre Kunst – das Malen und das Komponieren – blieb im verborgenen, privaten Bereich.

Sofie vereinte die Kraft und den praktischen Sinn der Mutter mit der bildhauerischen Begabung des Vaters. Schon mit 14 Jahren war sie in der Firma tätig. Jung und zuerst gegen ihren Willen – sie wollte gerade Gartenarchitektin werden – mußte sie Autofahren lernen. Finster entschlossen stürzte sie sich ins Unvermeidliche, wurde prompt eine ausgezeichnete Fahrerin und kutschierte nun die Mutter bei ihren Geschäfts- und Vortragsreisen.

Gleichzeitig erwies sie sich als äußerst geeignet für die Betreuung und Erziehung der nachkommenden Geschwister – was sie bei aller Liebe gelegentlich mit leichtem Mißmut erfüllte – und nahm der Mutter die wesentlichen hausfraulichen Pflichten ab. Als die Anfrage nach lebensgroßen Schaufensterpuppen kam, machte sie sich auch hier mit der ihr eigenen Tatkraft ans Werk und überraschte später die Mutter zu deren 50. Geburtstag mit der ersten erwachsenen Schaufensterfigur. Von nun an machte sie sich nicht gerade beliebt, weil Geschwister, Nachbarkinder, Ferienbesuch – kurz alles, was ihren Weg kreuzte und geeignet schien – unweigerlich zu langweiligem Modellsitzen verurteilt wurde. Vater und Bruder Jochen waren geradezu begeistert von Fifis Werken: „So eine Begabung habe ich überhaupt noch nicht gesehen", schrieb der sonst so kritische Vater Kruse, aber wie immer verlangte er, daß sie sich ohne Akademiebesuch selbst finden müsse. Bei allem Lob blieb Sofie zurückhaltend „Wenn Du sie nicht verkaufen könntest, könnte ich sie nicht machen – so einfach ist es", zollte sie dem ein-

Maria Kruse: Zum selbstgeschriebenen Märchen eigene „märchenhafte" Illustrationen

Gemälde von Maria Kruse. Sie konnte sowohl kraftvoll farbintensiv als auch zauberhaft zart malen

Maria Kruse: Die kleinen Geschwister beim Spiel

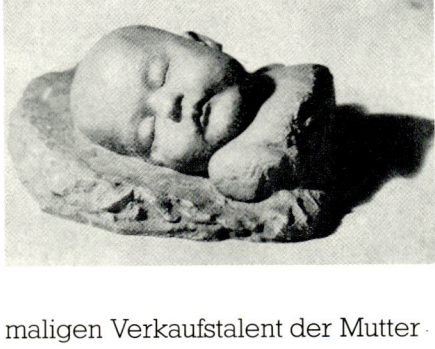

„Die Entwicklung des
Schöpferischen beginnt
beim Kleinsten"

links:
Ein autofahrendes Mädchen mußte
damals auch ein halber Techniker sein.
So allein auf der Landstraße war manchmal
guter Rat teuer. Sofie am Auto

rechts:
Ein schlafendes Baby, modelliert von
Sofie Rehbinder-Kruse

maligen Verkaufstalent der Mutter
Tribut.
Später zeigte sich auch noch, daß
Sofie sogar den Erfinderkopf ihres
Vaters geerbt hatte. Eine Industrie-
firma schickte eine Masse, die bei
einem Herstellungsprozeß abfiel.
Fifi versuchte daraus Köpfe zu
machen. Als diese nicht zufrieden-
stellend ausfielen, kam sie auf die
Idee, Schuhe aus dem weichen
plastikähnlichen „Igelit" herzustellen.
Igelit-Schuhe wurden ein Begriff
und fanden in der schlechten Zeit, in
der an richtige Lederschuhe nicht
zu denken war, reißenden Absatz.
Später entwickelte sie auch noch aus
derselben Grundmasse Fimoik, das
brennbare, farbenfrohe, äußerst
vielseitige Knetmaterial, das von
einer bekannten Firma jetzt mit
großem Erfolg vertrieben wird.

Jeder Beginn ist unbewußt,
aber jede Entwicklung logisch.
Dies möchte ich an den Anfang
stellen, denn so empfinde ich es.
Der Beginn war das schlafende
Köpfchen auf der harten weißen
Matratze, war mein Wunsch – dies
festzuhalten – für immer.
Photographieren? Ach, das ist zu
wenig. Das ist ein fixiertes Licht
und Schattenspiel auf einer Form,
einmalig, fest. Gefangenes Leben,
ohne Leben.
Zeichnen ist schon viel besser, ist
schon Handschrift, also schon
Leben.
Aber noch besser ist – formen.
Und so nahm ich Ton und formte
nach, was da vor mir lag – so weich,
so hingegeben dem Schlaf ins
Wachsen – in die Entwicklung ins
Leben.
Und so wurde es mir unverlierbar,
und blieb für immer lebendig. Denn
nun spielt das Licht auf der Form –
täglich – stündlich, am Morgen die
Sonne anders als am Abend der
Mond.
Formen ist ein Urtrieb des
Menschen. Das Geliebte

links:
Sofie Rehbinder-Kruse mit einer ihrer
Schaufensterpuppen

mitte:
Sofie Rehbinder-Kruse: Marga Müthel

rechts:
Sofie Rehbinder-Kruse: Der Sohn

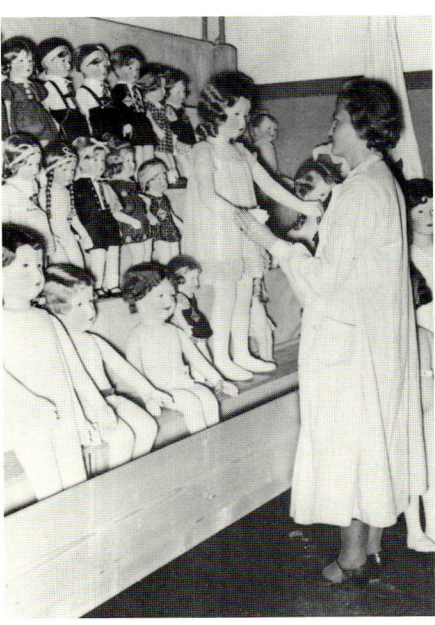

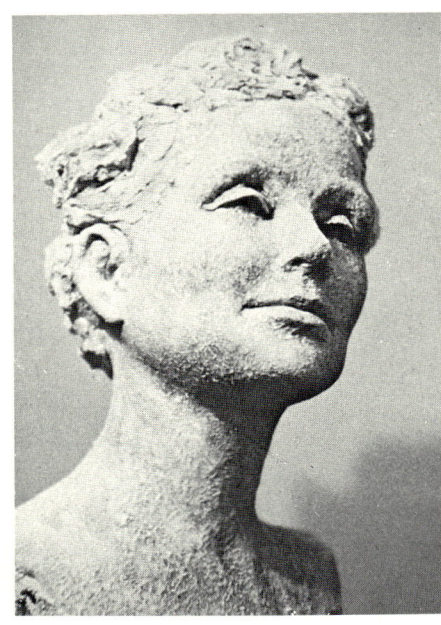

festzuhalten, das im Inneren geschaute plastisch vor sich aufzubauen, zu gestalten, unverlierbar zu machen. Jeder Angst vor dem Vergänglichen entgegenzuarbeiten indem er jedes Erlebnis, jeden Impuls der Seele klar und bewußt zum Vorwurf nimmt für ein Werk seiner Hände. Meine Überzeugung ist, daß wir dem Kinde nichts wertvolleres vermitteln können, als den Hinweis auf seine ganz persönliche Schaffenskraft.

Macht nicht wirklich nur Schaffen glücklich?

Etwas selber getan haben, etwas selber geformt haben, seine innere Welt hingestellt, unverlierbar. Sein Leben geschaffen zu haben.

Die Industrie hat sich des Spielzeuges bemächtigt.

Wie unendlich viel Spielzeug gibt es. Ausgeklügelt technisiert, vollkommen naturalistisch – aber auch vollkommen tötend für die kindliche Fantasie.

Alles ist so fertig, funktioniert so gut, so korrekt, so einwandfrei – aber wo bleibt die Liebe zum Ding?

Alles was vollkommen ist, wird angestaunt, aber nicht geliebt. Aber wir wollen doch lieben. Wir wollen doch Beziehung zu den Dingen haben, mit denen wir umgehen. Und vor allem das Kind soll die Dinge lieben, mit denen es spielt.

Denn sein Spiel ist Ernst. Ist die erste Auseinandersetzung mit den Dingen des Lebens, mit seiner Umgebung, mit seinen Aufgaben. Unbewußt war der Anfang, war das Suchen nach dem Material, das meinen Kindern die Möglichkeit geben sollte – zu formen, aber auch die großen und kleinen Dinge schnell zu härten, damit sie sie immer wieder in die Hände nehmen konnten und immer weiter damit spielen oder nur zur Betrachtung vor sich hinstellen.

Ich fand das Material, nicht eigentlich bewußt – aber da der

Wunsch in mir lebte, steuerte ich einfach in meiner Arbeit darauf zu. Ganz einfach und ganz logisch. Und was haben wir dann für eine Freude gehabt, als wir uns alles bauten, was unsere Seele bewegte. Unheimlich ernsthaft im Spiel, verantwortungsbewußt aber den Gestalten gegenüber, die wir aus dem farbigen, weichen Material kneteten.

Und wie entzückend sind nun die Dinge, die noch sind, wie sie damals von den ungeschickten, kleinen Händchen geformt wurden und eine klare Entwicklung des Einzelnen zeigen.

Es ist eine ganze Menge verloren gegangen durch die Flucht aus der Heimat, aber nicht alles, zum Glück…"

(Sofie Rehbinder-Kruse)

Hanna, die Stille, laut Mutter Kruse immer Brave, modellierte ebenfalls. Ihre Fähigkeiten aber zeigten sich erst deutlich, als sie 1958 vor der großen Aufgabe stand, die künstlerische Leitung der Käthe Kruse Werkstätte zu übernehmen. Sie bewahrte nicht nur das Werk der Mutter, sondern gab auch neue Impulse. Mehrere neue Puppen-

Die Rohlinge zum Däumelinchen, das Hanna Adler-Kruse modellierte

links:
Hanna, heute die künstlerische Leiterin der Käthe Kruse Werkstätten, 1912 als Puppenmütterchen

rechts:
Däumelinchen ist fertig und kann wunderbar spielen

Däumelinchen nach der Tradition von
Käthe Kruse arrangiert

typen wurden von ihr entwickelt,
drei davon werden noch heute
produziert, dazu eine Frotteefamilie
und kuschlige Schmusetiere.

Michael, der erste Sohn, half beim
Schleifen der Formen, beim Aufbau
der Messen und zollte natürlich
auch „dem sanften Wahn der
Familie, dem Künstlertum seinen
Tribut" (so Bruder Max). Er spielte
Cello. Dann aber wurde klar, daß
die technische Begabung ungleich
größer war und er wurde Physiker.
Er hatte den Erfindergeist des
Vaters geerbt und war unter
anderem an der Entwicklung eines

Verfahrens zur Entgiftung von
Abgasen beteiligt.

Jochen ließ sich als Gebrauchs-
grafiker ausbilden und entwickelte
ein untrügliches Gefühl für Eleganz.
Der Jazz spielende smarte junge
Mann verwandelte die Schaufensterpuppen auf das Raffinierteste
– oft nur mit Hilfe gesteckter Stoffe –
in hochelegante Modebotschafter.
Er war auch ein ausgezeichneter
Fotograf und löste Fifi ab, die bis
dahin die mühevolle Aufgabe hatte,
all die Kruse Puppenkinder
werbewirksam abzulichten. Er
starb völlig unerwartet an einem

links:
Michael Kruse, der Bastler der Familie

mitte:
Jochen Kruse, zuständig für Elegance

rechts:
Friedebald als etwa 20jähriger

Friedebald entdeckte als Soldat seine Begabung als Maler. Die Ukraine wurde ihm lieb, er hielt Menschen und Landschaften in seinen Bildern fest und wollte in Friedenszeiten zurückkommen

Friedebald Kruse: Bauerndorf in der Ukraine

Gehirntumor am 30.8.1943 in einem Berliner Lazarett.

Friedebald war der allseits beliebte Sonnenschein der Familie. Er setzte sich am stärksten mit den Werken und Gedanken seines Vaters auseinander und fühlte sich ihm sehr ähnlich. Als Architekturstudent schrieb er seine Jahresarbeit über ihn und suchte in langen Briefen Zugang zu dem schweigsamen, so viel älteren Menschen. „Wir haben es nicht leicht, aus unseren so weit entfernten Bereichen zueinander zu kommen und zu dem was uns beide berührt." Tagebuchauf-

zeichnungen und Briefe von der Front geben Zeugnis davon, welche Vielseitigkeit und Begabung sich in ihm zu entfalten begannen. Er malte – ganz erfüllt von dem Glück, auf diese Weise den fremden Menschen, der stillen weiten Landschaft der Ukraine innerlich näher zu kommen. Am 23.3.1944 kam er durch einen tragischen Unfall mit einem Lastwagen an der Front ums Leben.

Der jüngste Sohn Max – trotz Vater Maxens knurrigem Widerstand so genannt – hatte lange „Schonzeit", und eine so liebesüberströmende

Käthe Kruse mit all ihren Kindern Anfang
der dreißiger Jahre

Friedebald und Max setzten Familienesel
Rosinchen gelegentlich gewinnbringend
ein: Touristenkinder durften reiten, die
Jungs besserten ihr Budget auf

Frau wie Käthe Kruse konnte ihn
lange nicht von sich lassen. So wuchs
er fast ein wenig wie ein Einzelkind
auf und genoß manch verwöhnendes
Sonderrecht. Nach dem Krieg baute
er 1946 in Bad Pyrmont eine west-
deutsche Niederlassung der Firma
auf (Bruder Michael tat in Donauwörth dasselbe, Käthe Kruse blieb
mit Fifi noch bis 1950 in Bad Kösen).
Bis 1958 übernahm er die Leitung
der inzwischen in Donauwörth
zusammengelegten Firma. Dann trat
er, was sich schon in Kinderjahren
angedeutet hatte, in Onkel Oskars
Fußstapfen und wurde Schriftsteller.
Reiseberichte, (z.B. „Shao-Fangs
Reise – Auf der Suche nach Asien"
und „Ägypten. Das Geschenk des
Nils"), unzählige Kinderbücher (z.B.
die Urmel-Serie) und zuletzt eine
brilliante Schilderung seiner Kindheit in dem berühmten Elternhaus
(„Die versunkene Zeit") führen dazu,
daß man heute immer erst klarstellen
muß, von welchem Max Kruse
gerade die Rede ist. Auch er wurde
also berühmt.

Ein Feldzug für die Reform
der Puppen

So eine große talentierte Familie
entfaltet zwangsläufig ein turbu-
lentes, zuweilen sogar chaotisches
Leben. Käthe Kruse war dem
gewachsen, wußte auch immer
Belastungen umzuverteilen. „Ich
hatte nie etwas dagegen, mir von
anderen aus der Patsche helfen zu
lassen", gab sie offen zu. Vater Kruse
mied diesen Trubel immer mehr.
Nach etwa vier Jahren gemeinsamen
Hausstandes in Potsdam bürgerte es
sich wieder ein, daß der Vater in
Berlin blieb oder auf Reisen ging.
Immer stiller hing er seinen Gedanken nach, die angesichts der welt-
politischen Entwicklung immer
düsterer wurden.
Seine Frau mußte den Zeitläufen
kämpfend und aktiv begegnen.
Denn nach dem Ersten Weltkrieg –
die Familie hatte fast allen Besitz
verloren – mußte die Puppe die
große Schar ernähren. Aber nicht
nur aus diesem Zwang heraus,
sondern auch aufgrund ihrer
begeisterungsfähigen Natur, die an
allem Neuen lebhaften Anteil nahm,
ging „Käthchen" – wie sie von den
erwachsenen Kindern liebevoll
genannt wurde – mit der Zeit. Sie

blieb nicht den ersten Ideen verhaftet abseits stehen, sondern paßte ihre Puppen sowohl den Marktbedürfnissen und Geschmacksveränderungen als auch den wirtschaftlichen Erfordernissen an. Das heißt, die Puppen wurden schlanker, bekamen Haare, wurden teilweise maschinell gefertigt und bekamen erst Köpfe von Pappe, dann aus Tortulon (ein zelluloidähnliches Material), später aus Kunststoff. Die Käthe Kruse Puppe erlebte nicht einfach von alleine einen ununterbrochenen Siegeszug, wie es manche Berichte vermuten lassen. Vielmehr war schon der Beginn durchaus auch von kritischen Stimmen begleitet. Nach dem Motto: Frauen mögen bei der häuslichen Handarbeit bleiben, nörgelte gleich 1911 ein Kritiker: „Von einer Bereicherung der Spielwarenindustrie zu sprechen, ist wirklich ein bißchen gewagt: Solch ein Spielzeug, das eine Mutter für ihre Kinder geschaffen und weiter ausgebaut hat, um es zu verkaufen, ist und bleibt eine Liebhaberarbeit. die auch als solches nur taxiert werden darf. Frau Käthe Kruse hat weiter Handarbeiten, einfache, dem kindlichen Auge verständliche Arbeiten… erfunden. Hier ist geübten Frauenhänden ein weites Feld geboten… und wenn hier eine Dame wie Käthe Kruse sich betätigen will, so wird sie Dank und Erfolg in reichem Maße ernten…"

Der Schreiber dieser Zeilen kannte Ziele und Wesensart der „Dame Käthe Kruse" schlecht. Sie war bereit, eine Art Feldzug für ihre Überzeugung von der einzig vernünftigen Puppenart zu führen. Sie sagte von ihrem Werk, daß ihre Puppen wirklich eine Wende in der Spielzeugherstellung herbeigeführt haben. Sie wurden allmählich zum Maßstab neuer Geschmacksrichtung. So ging sie auch mit finsterer

Entschlossenheit gegen den Versuch vor, billige – und schlechte – Massenware auf den Markt zu werfen. Die amerikanische Firma Bing warb ganz offen mit ihrem berühmten Namen. Sie zog vor Gericht, war „energisch selbst bei der Sache", prozessierte durch drei Instanzen und gewann. Bing mußte die Produktion seiner – rechtswidrigen – Imitation einstellen. Käthe Kruse „belebte" den Markt immer wieder neu. Dafür ging sie auf Reisen, hielt Diavorträge, machte Ausstellungen, ließ Puppenbücher zusammenstellen, Postkartenserien fertigen und bearbeitete die Frauenvereine. Daß sich ihre „Reformpuppe" trotz der großen Konkurrenz so wacker behauptete, war auch ihrem ungeheuren Werbetalent zu verdanken. Dabei ließ sie freilich oft kein gutes Haar an den Produkten ihrer Gegner. So rührend lieb ihre Darstellungsweise war, wenn sie zu Kindern sprach (zum Beispiel in dem Buch „Kuddelmuddel"), so schonungslos harte Worte konnte sie finden, wenn sie die „Verirrungen" der übrigen Puppenfabrikation abkanzelte. Das ließ die angegriffene Konkurrenz natürlich nicht auf sich sitzen und antwortete auf die harte Verurteilung. Wie intensiv die Auseinandersetzung um die ideale Puppe geführt wurde, zeigen die auf den Seiten 62 bis 70 abgedruckten „Plädoyers".

Die Bingpuppe. Käthe Kruse prozessierte
erfolgreich gegen diese Nachahmung

Seite 61:
Auch Ausschneidebogen- sehr beliebt
damals – unterstützten, neben Postkarten,
Büchern und Artikeln, die Werbung für
Kruse Puppen

Vom Schreibtisch und aus der Werkstatt

Meine Puppen. Von Käthe Kruse

Käthe Kruse über Puppen? Setzt das nicht eine allzu starke Einseitigkeit voraus? Sie wird natürlich nur ihre eignen schön finden —. Wer so denkt, dem kann ich sagen: ich rede sehr ungern und ich würde am liebsten nur durch Puppen sprechen. Aber da höre ich, wie ein guter Geschäftsfreund sagt: „Das Publikum ist ja so gedankenlos! Es ist doch den Leuten ganz gleich, was sie kaufen. Es soll billig sein und nach möglichst viel aussehen. Und glauben Sie vielleicht, der Kaufmann hat Zeit, sich hinzustellen und das Publikum zu belehren? Dazu sind wir nicht da. Wir wollen verkaufen." Und wenn er ein moderner Kaufmann ist, so setzt er hinzu: „und möglichst viel verdienen."

Da steh' ich traurig im Spielwarenladen. Ich persönlich kann mich nicht beklagen über das Publikum. Aber wohin steuern wir? Durch welchen Wust von Geschmacklosigkeit, Schund und Häßlichkeit muß das Publikum sich hindurchfinden, um zu den wenigen Spielsachen zu kommen, die nicht nur gut erdacht und gemacht sind, sondern dann auch noch das bißchen Liebesflügelstaub tragen, das doch schließlich zum Spielzeug gehört wie Lebensluft. Ich versuche vielleicht noch, dem Kaufmann ein wenig Lust zu machen dazu, diese Dinge aus dem Allgemeinen herauszuheben, aber er zeigt auf die Verkäuferin, die eben eine Laufpuppe vorführt, dies grausige, kleine amerikanische Ungeheuer, das fast so breit ist wie lang und die unförmigen Beine im Parademarsch über den Ladentisch schmeißt. Grausamer kleiner Fetisch, steif, grell, blöd und welterobernd stapftest du mit den verrückt gewordenen Schlenkerbeinen daher, unabwendbar ist dein Sieg, denn du kostest zwischen vier Mark und acht Mark fix und fertig angezogen, und 50 Zentimeter groß! Und wenn du ganz wunderbar bist, dann hast du eine Mamastimme im Leib.

„Sehen Sie," sagte der Kaufmann zu mir, „das geht! Warum machen Sie das nicht auch? Sie müssen jetzt Mamastimme machen und —" Aber hier verstummt er, weil ihn ein Blick traf, der den Abgrund offenbarte.

Allüberall ist es das Publikum, der Moloch, in dessen Namen Grauslichkeiten fabriziert, gedichtet, komponiert, entworfen werden, weil es angeblich verlangt wird. Ist das wirklich und wahrhaftig wahr? Würdest du, liebes Publikum, wenn nun plötzlich einmal nur Gutes auf den Markt käme, nichts mehr kaufen, nichts mehr sehen und hören wollen? Ich sage nein! Ich nehme dich immer in Schutz, ich behaupte, daß du gut bist, willig, dankbar, leicht zu lenken, und daß nur zu oberflächlich produziert wird. Der Produzierende und der Vertreibende sind die Sünder, glaube ich, sie machen sich's leicht, und dann sagen sie: „Das Publikum will das so." Aber das ist gar nicht wahr, sage ich, es nähme ebenso gern das Gute! Ich glaube nicht, daß das Publikum (das gedankenlose und deshalb auch unternehmungslustige!) hemmt, sondern der Handel. Der Handel will Geld machen, das geht am besten mit alteingeführten Dingen von mittelmäßigem Geschmack, nicht mit Neuem, wofür man erst Käufer werben und gewinnen muß. Das Publikum aber will nicht denken. Und eine kühle Stimme fügt hinzu: und dabei fühlen sich beide ausgezeichnet.

Aber das mag ich nicht hören, solches Hinnehmen bestehender Zustände ist schrecklich, da gäbe es keine Hoffnung und keinen Fortschritt. Nein, wenn der Handel zu bequem ist, so soll man das Publikum ermuntern. Immer wieder. Denn Es ist die Macht, nicht der Handel! Komm her, Publikum, du sollst nicht gedankenlos sein, wo es sich um Kind und Spielzeug handelt! Sei meinetwegen gleichgültig bei Toiletten- und Parfümfragen, aber nicht beim Schenken fürs Kind. Nein, da nicht!

Es handelt sich zunächst um gar keine Geschmacksfrage. Ich will vor allem sagen, was die Puppe sein muß: die Puppe muß etwas zum Liebhaben sein. Dies ist ihr Sinn und Zweck. Ich kenne keinen andern. Und was hat man lieb? Was ist es, das Liebe erweckt, was ist Liebe? Da sind wir von der Puppe zum allertiefsten Problem gelangt. Und das ist gewiß erstaunlich und wert darüber stille zu stehen. Es gibt eben keine kleinen Dinge im Leben, überall ist's tief. Man muß nur hinsehen wollen. Liebe ist: umarmen wollen. Zärtlich sein dürfen. Streicheln, anschmiegen, sorgen, pflegen dürfen. Alle Liebe beginnt und endet damit. Man liebt nicht etwas, ohne zu wünschen, es umarmen, wenigstens anfassen zu dürfen.

Hebt sich nicht unsre Hand leicht, beim Anblick eines Kätzchens, streichelt sie nicht fast unwillkürlich über das runde Kinderköpfchen? Anfassen wollen wir, was uns zarte, liebevolle Empfindungen erweckt, und daraus

Die intensive Auseinandersetzung um die ideale Puppe wurde öffentlich geführt. Käthe Kruses Beitrag erschien in „Velhagen & Klasings Monatshefte", 40. Jahrg., 1925/26

folgt, daß Fühlen und Anfühlen dasselbe sind. Das ist, so einfach es klingen mag, der bloßgelegte, einfache Kern eines vielgestaltigen Rätsels. Im Grunde sind ja alle Dinge einfach, wenn es gelingt, auf den Grund zu kommen! Nicht von mir stammt der Gedanke. Diese Erkenntnis ist der Schluß einer langen Gedankenkette, die mein Mann über die Wirkung der plastischen Form gesponnen hat und die darin gipfelt, daß alle Form sich an die Hand, nicht an das Auge wendet. Das kleine Buch, das jetzt eben erscheint (Max Kruse, Ein Weg zu neuer Form, Georg W. Dietrich Verlag, München), dürfte Aufsehen erregen, denn es ist gar nicht abzusehen, welchen Einfluß seine Erkenntnisse auf die Gestaltung unsres Lebens gewinnen werden. Nicht nur des äußeren Lebens, der Gestaltung unserer Umgebung, sondern vor allem auf die Entwicklung unseres Gefühlslebens.

Ich hörte eine moderne Frau sagen: „Gefühle erwecken? Zärtlichkeit? Um Gottes willen. Es gibt gerade genug Gefühlsduselei in der Welt. Lassen wir die kindlichen Gefühle schlafen, die Mädels von heute brauchen was andres als Gefühle."

Diese moderne Mutter wird vielleicht hingehen und etwas kaufen, was keine Gefühle erwecken soll, irgendeine Groteskpuppe. Eine Karikatur, ein Greuel. Die Industrie ist ja vorwiegend auf Geschmacksverirrungen eingestellt. Aber, verehrte Frau, Sie täuschen sich! Es gibt keine plastische Form (und auch die Puppe, in jeder Art, ist Form), die nicht Gefühle erweckt! Ihr armes kleines Mädel oder Bübchen wird sich fürchten vor der grotesken Puppe, aber es kennt seine Gefühle noch nicht, und er ist gut, der kleine Mensch, und artig und freudewillig: die kleine Hand hebt sich zögernd dem unverständlichen Beelzebub entgegen. Und nun geschieht etwas Merkwürdiges: sofern er weich ist (d. h. stoffig), wird er trotzdem Liebe erwecken! Ist er hart, kalt und steif, so wird er bald verdorben und mißachtet herumfliegen.

Als Beispiel möchte ich eine kleine Negerpuppe anführen, die es in England und Amerika gibt, ähnlich hergestellt wie unsere bekannten Steiff=Filz=Puppen, aber aus pechrabenschwarzem Filz gepreßt, mit schwarzem Katzenfell als Kopfhaar, grellen Glasaugen und knallrot eingesticktem Mund.

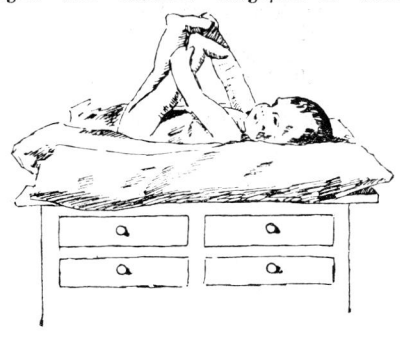

Diese entschieden etwas teuflisch, fratzenhaft wirkende Puppe wird massenhaft umgesetzt. Und Fabrikation und Handel schließen daraus, daß das Fratzenhafte eben der Wunsch der Zeit ist. Aber sie irren. Es ist vielmehr so: das Publikum kauft diese Puppe, weil sie billig ist und blufft. Das Kind aber liebt diese Puppe nicht weil, sondern schließlich trotzdem! Weil sie gut im Arm zu fühlen ist! Weil sie warm ist und weich (verhältnismäßig)! Weil man unbesorgt damit spielen kann. Ach, das Kind lernt die Schliche der Liebe! Es braucht ja nicht hinzusehen, nur zu fühlen, dann ist's ein Kind. Und am Ende lernt es über das Häßliche hinwegsehen und das Verunstaltete trotzdem lieben. Oder erst recht! Oder es wird eben einfach abgestumpft! Oder es bekommt einen schlechten Geschmack.

Wollte derjenige, der die Puppe schenkte, diese Wirkung ausüben? Denn es gibt nichts ohne Wirkung, ganz besonders Kindern gegenüber. Und Gedankenlosigkeit, das ist Roheit. Der schenkende Erwachsene, der große Beglücker, muß sich fragen, welche Absicht er hat, welche Wirkung er auslösen will oder kann. Er will einfach einem Kinde eine Freude machen? Schön. Aber es darf nicht mehr als 20 Pfennige kosten. Oder zwanzig Mark. Schön. Aber eben nun suche, großer Beglücker, nicht etwas aus was möglichst „viel hermacht", denn dafür hat die erwartungsvolle kleine Seele gottlob noch keinen Maßstab, soll ihn wenigstens noch keinesfalls haben, sondern suche etwas gut Konstruiertes, etwas, womit es wirklich spielen kann, was seine kleine Phantasie laufen läßt. Das wird es lieben. Darin wird es dich lieben. Die gleich entzweigehende Prunkgabe ist ihm einfach eine Enttäuschung. Und du dazu. Darum merke man: Puppen sind nicht mit den Augen, sondern mit den Händen, dem Gefühl, zu beurteilen. Eine nicht schöne, aber weiche Puppe kann geliebt werden. Eine bildschöne, aber harte und kalte Puppe bleibt tot. Charakteristisch ist ferner, daß nur richtige Formen die entsprechenden Gefühle erwecken, daß also z. B. falsch konstruierte Proportionen oder falsch gebildete Körperteile (wie der durchgenähte Hüftstrich bei den Schlenkerpuppen an Stelle des an dieser Stelle von der Hand erwarteten Rundteilchens) nicht das entsprechende angenehme Gefühl erwecken. Die Hand erschrickt gewissermaßen, sie fühlt einen Stummel. Sie hat aber ganz bestimmte Erinnerungen und gerade deren Formen erwartet sie. Bei einer falschen Form stellt sich das Gefühl, das die richtige Form hervorruft, nicht ein. Man kann das leicht selbst probieren.

Man sage nicht, das seien Spitzfindigkeiten, das Kind hätte genug Phantasie usw. Gewiß hat es die! Aus einem Nichts kann es sich alles zaubern. Das ist recht. Aber wenn man ihm etwas schlecht vormacht, dann schmeißt man seiner Phantasie Knüppel zwischen die Beine. Entweder nichts oder Gutes.

Dieses „was vormachen" überhaupt! Welche Gedankenarbeit z. B. muß nicht die Konstruktion der Gelenkpuppe verursacht haben. Dies Gebilde, das so aussehen soll, als ob es ein Kind wäre. Das alles mögliche soll tun können an Stellungen. Ach und welcher Erfolg! Wenn man sie mit nüchternen Augen betrachtet: wie überaus abstoßend sind diese zusammengeschraubten Gliedmaßen, dies häßliche Gemisch von realistischen

Mätzchen und tatsächlichem Unvermögen. Das gilt auch von den schauderhaft konstruierten Gelenken der Lederpuppen. Diese abscheulichen Oberschenkelstümpfe, diese Gabelkonstruktion der Hüft= und Kniegelenke. Und diese Porzellan= oder Zelluloid= oder Gummihändchen mit Scharnieren am Lederrumpf befestigt! Wo hat Natur uns das vorgemacht: Zwei verschiedene Stoffe für die Gliedmaßen eines Körpers? Sind wir nicht alle aus einem Stoff und von einer Haut umzogen? Wo quietscht und quarrt die Natur, wenn sie sich bewegt? Und wie sitzt der viel zu lange Porzellanhals im Kugelgelenk! Kann man das lieben? Hat man schon einmal eine Kugelgelenkpuppe, nachdem sie den Laden verlassen hat, in einer nicht irgendwie verrenkten Stellung herumliegen sehen? Die Schlafaugen? Liebe, hast du dir schon einmal diese Konstruktion angesehen im hohlen Puppenkopf, über dessen um dieses Schwindels willen notwendig offenklaffender Schädeldecke die niemals wieder gut aussehende Perücke geleimt ist? Und hast du dir diese handgeknüpfte Perücke einmal angesehen? Heb' einmal die Locken ein wenig! Im Kreise ist die Kordel auf die grobe, graue Steifleinewand genäht, versuche sie zu kämmen, — der Kamm sträubt sich über diesem Untergrund.

„Aber es ist doch für ein Kind! Kinder stellen doch noch nicht solche Ansprüche!" Darauf ist dieselbe Antwort wie vorhin zu geben, und dann noch dies: Empfinden tut das Kind alles! Aber sein Empfinden ist unbewußt und formt sich nicht zu Worten. Es sind auch nicht die unempfindlichsten Kinder, die „nichts mit ihren Puppen anzufangen" wissen!

All das ist fauler Zauber. Sogenannter schöner Schein und Lüge. Sie ist verabscheuungswürdig, die Gelenkpuppe, und wert, daß sie endlich ganz verschwindet. Ihr Anblick, nackt, muß auf das Kind wirken wie der glatter Prothesen auf uns Große.

Und fast noch schlimmer ist die Mama-

stimme! Im Rücken des Papiermaché=Rumpfes, etwas über der Taille, befindet sich ein viereckiges Loch, von grüner Fliegengaze überdeckt. Da sitzt die quäkende, quietschende Stimme drin. Man kippt die Puppe hintüber (dabei schließt sie die Augen!) oder nach vornüber? Da quäkt sie. Das ist eine der grausamsten Verirrungen, die auszudenken ist! Kann man glauben, daß das Kind dabei Gefühle hat? Pflegst du dein Kind umzukippen? Es wird das Stück Fliegengaze bald durchbohrt haben! Dies heißt, ein ehrfürchtiges Symbol, die Kindpuppe, als eine schlecht konstruierte Sache zu entblößen, sie zur Ware, zum Handelsartikel zu erniedrigen!

Ein falsches Material ist das Zelluloid. Es hält etwas besser als Porzellan (das überhaupt für Puppen verboten sein müßte!), das ist sein Vorzug. Aber es entspricht vermöge seiner Leichtigkeit nicht dem Begriff des Körperlichen. Eine Zelluloidpuppe ist kein Baby, sondern Luft. Daran ändern auch die realistischen Grübchen nichts. Überhaupt hat Realistik gar nichts mit Natürlichkeit zu tun. Realistik im Sinne von Panoptikum hat etwas Abstoßendes, Furchterregendes.

Dann gibt es z. B. jetzt Puppen mit Gummikopf, die haben in sinniger Ausnützung der Möglichkeiten des Materials, die Kopfstimme (ich zitiere den Fachausdruck). Wenn man die Wangen dieser Puppe zusammendrückt quiekst sie Mama. Wenn ich dergleichen sehe, verzweifle ich an der Welt. „Wie können Sie eine solche Geschmacklosigkeit aufnehmen," sage ich zum Händler, „wollen Sie die Kinder dazu erziehen, den Menschen in die Fratze zu fahren, um zu sehen ob auch sie quietschen?" — „Aber ich bitte Sie," sagt der Kaufmann begütigend, „das Publikum will halt was Neues sehen." Ein andrer antwortete mir, als ich mich über die Leidenschaft für das neuentdeckte, doch durchaus fragwürdige Gummimaterial wunderte. „Aber es ist doch so witzig, daß man eine Puppe in die Nase kneipen kann! Das ist mal was Neues!"

Immer was Neues! Darunter verstehen sie eine alte Sache neu aufgeputzt. Das müssen sie sofort alle haben. Aber etwas wirklich Neues braucht Kampf und Mühe und Zeit sich durchzusetzen. Als ich mit

meiner Puppe zum erstenmal an die Öffentlichkeit trat, schrieb die Presse: das ist das
Ei des Kolumbus. Aber der Handel sagte:
nicht in die Hand. Heute freilich gibt es
kaum einen Puppenfabrikanten in Deutschland, der sich nicht bemüht, mich nachzu-
ahmen, und jedes schielende Seifen- und
Schokoladenpüppchen wird von der eifrigen
Verkäuferin als „Genre Käthe Kruse" angepriesen.

Das Durchsetzen meiner Arbeit von Anfang an war sehr, sehr mühsam, erforderte
viele Geduld, viel Reden und Unterrichten.
Der Handel wollte von meiner Puppe zumindest Perücke, Schlafaugen und feststell-
bare Gelenke, also Altbekanntes. Ich kann
sagen, daß die Gewinnung des Kaufmanns,
der Kampf gegen feststehende Meinungen,
und vor allem die Erziehung der Verkäuferin
mir immer die härteste Arbeit macht,
die Warenhausverkäuferin z. B. hat kaum
Interesse an dem, was sie verkauft. Es ist
alles Ware, und sie schreibt ihren Kassen-
zettel. Ich habe auf meinen vielen Reisen
selten eine Verkäuferin gefunden, die z. B.
meine Puppe, die nichts sein will als das
Abbild eines Kindes, so hinstellen kann, daß
sie auch wie ein Kind wirkt!

Diese Erfahrung erschüttert mich. Auf
welche innere Armut läßt es schließen!
Frauen, Kinder, Spielzeug, Puppen, müßte
nicht alles von selbst zu leben anfangen in
dieser Reihenfolge? Warum ist's tot? —
Geistige Trägheit oder gebrochene Lebensfreude als Folge unserer Lebensbedingun-
gen? Als sie arbeiten alle. Aber mein
Mann sagt: „Gesunde Frauenarbeit muß
aus ihrem Seelenleben entspringen", und
unsre Seele will spielen, noch beim Arbeiten.
Aber wem sage ich das?

Ganz ähnliches, noch stärker, erlebe ich mit
meinem Schlenkerchen. Dies ist erst recht
etwas Neues noch heute. Es ist die erste
schöne, nackte Puppe, und ein neuer Weg zur
Herstellung von Puppen überhaupt. Unbewußt erfüllte ich meines Mannes damals
noch unausgesprochenen Gedankengang, den
des für-das-Gefühl-der-Hand, nicht fürs-
Auge-Arbeitens. Dabei gibt es kein Mogeln!
Das Auge läßt sich leicht etwas vormachen.
„Es sieht ganz so aus wie" ... Aber dem Gefühl der tastenden Hand gegenüber muß alles
stimmen, Wärme, Glätte,
und Härte der Oberfläche,
Proportion und Form der
Glieder, Weichheit der Gelenke. Daß man, wenn man
für das Kind denken will,
auch seine kleinere Hand
berücksichtigen muß, dies
nebenbei, große Puppen
sind überhaupt eine Ver-
irrung; je größer sie werden, desto mehr werden sie
Panoptikum mit dem dazu-
gehörigen Unbehagen.

Aber man denke nur

nicht, daß ich so verstandesgemäß gearbeitet
habe! Nein, das ist nur nachträgliches Erklären. Gemacht hab' ich's aus Liebe, aus
Gefühl und deshalb fürs Gefühl. Oder, wie
mein Mann mir an einer andern Stelle einmal sagte: die Hand geht dem Herzen nach,
aber das Herz nicht der Hand. Und ich
glaube, dies ist das Geheimnis aller Ge-
fühlserweckung.

Aber wie unerkannt ist diese neue Lösung
des Puppenproblems überhaupt bis heute
noch geblieben! Das wirklich Neue daran,
das für die Hand geschaffne, schöne, nackte
Körperchen (aus demselben Material wie
das Köpfchen), das sich weich schmiegt, sich
in jede Stellung bringen und kein Gelenk
mehr sehen läßt, das ist überhaupt noch nicht
beachtet worden. Es bringt auch eine völlig
neue, allerdings nicht ganz leicht nachahm-
bare Technik: es besteht wie der kleine Men-
schenkörper aus einer Art Skelettchen, über
das die weichen Teile aus Watte und Binden
gewickelt werden (Fleisch), und aus einer
dehnbaren Haut (Trikot), die das ganze Geschöpf gleichmäßig überzieht. Nicht ausgeklügelt entstand diese neue Technik, sondern
nur in getreuer Anlehnung an den Eindruck
der Natur, den man einfacher erreichen
kann, als sie selbst es vormachte.

Gemacht habe ich es damals eigentlich, das
ist vor etwa drei Jahren, in dem Wunsche
etwas Billigeres zu machen. Denn die Frage
ob das Billige, allgemein Erschwingliche,
notwendig schlecht sein müsse, beschäftigt mich
sehr. Ich bin der Ansicht nein! Auch Billiges
würde gut sein können, wenn es nicht mehr
scheinen müßte, als es seinem Preis nach
sein kann! Aber ich bin dahintergekommen,
daß ich selbst etwas derartiges wohl aus-
denken, nicht aber fabrizieren könnte. Weil
das Billig und Gut nur erreichbar ist bei
einem sehr großen Fabrikations- und Ver-
kaufsapparat, den ich nicht stellen könnte. Es
wäre eine falsche Aufgabe für mich.
Mein Los scheint zu sein, anzuregen und
voranzugehen. Nachdem mir das Reichs-
gericht in einem großen Kunstschutzprozeß
gegen die Bing-Aktien-Gesellschaft, die meine
erste Puppe nachgemacht hat, jetzt recht gegeben hat, gehe ich mit neuem Mut diesen
Weg. Und ich weiß, in zehn bis fünfzehn
Jahren wird die ganze Puppenindustrie den
im Schlenkerchen angebahn-
ten Weg gehen müssen, was
ihre Arbeit veredeln und
auf jeden Fall verherrlichen
wird. Und gerade nur da-
durch können wir uns auf
dem Weltmarkt behaupten.
Denn merkantil, industriell,
kaufmännisch arbeiten, das
können sie alle viel besser
als wir! In dieser Art
sollten wir nicht erst versuchen, Amerika übertrump-
fen zu wollen! Aber die
aus dem Gefühl entsprun-

gene Arbeit, die ist eben Eigentum eines Volkes, und man braucht sie schon wieder: unbesorgt! Sie bleibt ewig „etwas Neues!"

Aber heute beziehen wir alles aus Amerika! Die Mode, die Musik, die Gesellschaftsformen, die Tänze, die Geschäftsmethoden, alles. Auch die Spielzeugideen. Die Laufpuppe, von der ich vorhin sprach, ist ja auch von Amerika importiert und dann voriges Jahr von der Sonneberginindustrie zu Dumpingpreisen hergestellt und mit Verlusten abgesetzt worden, nur um der amerikanischen Puppenindustrie den Rang abzulaufen! Was hat das alles, ach, mit Kind und Puppe zu tun? — Aber was kommt nun? Gebt acht: die Laufpuppe ist überlebt, sie zieht nicht mehr, Dinge, die so massenhaft auftreten, sieht man sich leicht über. Aber nun haben die deutschen Puppenfabrikanten Angst bekommen, daß Amerika wieder einen Clou auf den Markt wirft, und in Amerika ist heuer Clou ein realistisches, neugeborenes wirkendes kleines Ungeheuer. Breiter, plumper, billiger Stoffkörper, mit den üblichen zierlichen Porzellanhändchen und einem Porzellankopf!

Meist ein übertrieben realistischer Kopf, mit kleinen Schweinsäugelchen und Säcken und Wülsten darunter, just ein häßliches Kind, wie ein altes Männchen. Meine Babys wenigstens sahen ganz anders aus. —

Aber schon hat sich die deutsche Industrie der „Neuheit" bemächtigt. „Gebt acht, es wird die Sensation des diesjährigen Weihnachtsgeschäftes," sagen die Fabrikanten, obgleich die Händler noch zögern. Aber schon sitzt es vitrinenvoll in den Warenhäusern. Es ist die schlechtere Wiedergeburt des Charakterbabys, gegen das ich vor vierzehn Jahren aufstand. Sie waren damals wenigstens aus einheitlichem, wenn auch unzweckmäßigem Material, d. h. ganz aus Papiermaché oder Porzellan, oder Zelluloid, häßlich zwar, aber doch mit einem noch unverhüllten Streben zur Niedlichkeit im Körper. Heute aber: ein ungeschlachter Stoffsack als Körper, bammelnde, formlose Beine, und dazu der alte Porzellankopf, dessen Unsinnigkeit für den Zweck der Puppe ich glaubte erwiesen zu haben, nachdem unleugbar die ganze Bewegung heut ausgesprochen nach der unzerbrechlichen Puppe geht. Und nun dieser Rückfall! Als Neuheit! Gleich in vielen Variationen, denn es arbeiten daran ja bereits viele deutsche Puppenfabrikanten. Mit Kopf aus Zelluloid, aus Papiermaché, aus ff. Biskuit-Porzellan (wobei der ehemalige Charakterkopf wieder verwendet wird), mit Stimme im Rücken, oder mit Druckstimme im Bauch, — es sind die Schmerzlichkeiten nicht abzusehen. Ich bin erschüttert. Denn ich habe solch einen Umfall, solchen Irrweg und solche zwecklose Häßlichkeit lediglich aus Angst vor der amerikanischen Konkurrenz mangels eigener Ideen nicht für möglich gehalten.

Aber was das Publikum sagen wird, ob es wirklich auf diesen unschönen amerikanischen Modeleim kriechen wird, ob dieses „Real-Baby" (man denke, daß es in Amerika sogar K. K.-Baby heißt, ob etwa in Anregung nach meinem Träumerchen?) wirklich auch hier ein Erfolg werden wird, darauf bin ich unsagbar begierig. Ich muß auch sagen, daß das amerikanische Original besser ist als die deutschen Nachahmungen.

Ich habe nicht alles sagen können, was der Gegenstand Puppe verlangen würde, der Platz würde nicht ausreichen. Hoffentlich sprach ich nicht zuviel von meinen eignen Arbeiten, als Beispiele mußte ich sie wohl behandeln. Ich spreche nicht als Fabrikant, weiß Gott nicht, sondern nur als Künstler vielleicht, und besonders — als Mutter.

„Offener Brief an Frau Professor Käthe Kruse!

Sehr geehrte, gnädige Frau!
Ich sehe mich veranlaßt, diesen offenen Brief an Sie zu richten wegen eines Artikels, den Sie mit der Überschrift „meine Puppen" im Novemberheft von Velhagen & Klasings Monatsheften gebracht haben. Ich fühle mich umsomehr dazu berufen, als ich Ihr Unternehmen von Anfang an kenne und sogar anfänglich mit meiner Firma daran beteiligt war; ferner fühle ich mich dazu berufen, weil sie in ihrem Artikel etliche Behauptungen aufstellen, die vor der Öffentlichkeit nicht unwidersprochen bleiben dürfen. Ich habe zwar schon öfter Reklameartikel von Ihnen gelesen und habe mir dabei gesagt, ich müßte eigentlich etwas darauf erwidern; aber die Scheu vor einem öffentlichen Auftreten hat mich bisher davon abgehalten, bis ich mir jetzt endlich sage: „Nun kann das aber nicht mehr so weiter gehen." Zunächst muß ich meiner Verwunderung darüber Ausdruck geben, daß eine so vornehme Zeitschrift wie die genannte sich dazu hergibt, einer – man verzeihe mir das harte Wort – durchaus einseitigen Reklame ihre Spalten zu öffnen. Ich kann mir das nur dadurch erklären, daß Sie, verehrte, gnädige Frau, eine Meisterin des Stils sind und in einer reizenden, die Allgemeinheit interessierenden Weise über Puppen plaudern, sodaß der Laie ohne Zweifel Ihren Artikel mit großem Interesse lesen wird. Es wird dabei ganz vergessen – und das scheint auch der Redaktion von Velhagen & Klasing entgangen zu sein –, daß Ihre liebenswürdige Plauderei eigentlich eine heftige Kampfschrift gegen die ganze übrige Puppenindustrie bedeutet.
Der Anfang Ihrer Auseinandersetzungen bestätigt mir, was ich schon öfter mit Befremden gehört habe, daß Sie mit Vorliebe wegen des Verkaufes Ihrer Puppen sich an die Verkäuferinnen der betr. Geschäfte wenden. Sie schildern dabei die üblichen Vorgänge beim Verkauf von Puppen in einer Weise, die sowohl für die Verkäuferinnen als für deren Chefs wenig schmeichelhaft ist. Nun, darüber mögen die Betreffenden mit Ihnen selbst abrechnen. Was ich aber daran beanstanden muß, ist, daß Sie ohne Gnade und Barmherzigkeit alles verurteilen, was andere Puppen, aber nicht die Ihrigen aufweisen. In einer amüsant zu lesenden und deshalb für den Laien bestrickenden Weise machen Sie sich über das lustig, was den Kindern an anderen Puppen gerade gefällt und was ihnen einen Anreiz gibt, um mit den Puppen zu spielen. Als ich vor etwa 15 Jahren die ersten Charakterbabies herausbrachte mit einem von einem bekannten Berliner Künstler entworfenen realistischen Babykopf, war das ein Ereignis in der Puppenbranche, und meine Firma konnte jahrelang nicht genug von diesen Charakterpuppen schaffen. Außerdem hat sich die ganze Industrie dieses Artikels bemächtigt und die Charakterpuppen waren mehrere Jahre die Parole der Puppenindustrie. Diese Babyköpfe und die in weiterer Folge von meiner Firma herausgebrachten realistischen sogenannten Charakterköpfe waren nur, wie die später entstandenen Ihrigen, gnädige Frau, mit gemalten Augen möglich, und das ist auch ganz erklärlich, denn jeder Kopf hat ganz andere Gesichtszüge, wenn die Augen offen oder wenn sie geschlossen sind. Bei den vorher und jetzt wieder üblichen idealisierten Gesichtszügen, die von den Realismus-Fanatikern als wesenlos bezeichnet werden, fällt das nicht auf, wohl aber bei den realistischen

Kämmer & Reinhardt, die 1911 eine Herstellung von Kruse Puppen versucht hatten, brachten etwa 1913 eine Porzellan-Puppe mit Kruse-Look auf den Markt: Die 115, Philipp genannt, hat – vor allem in der selteneren Version mit modellierten Haaren – große Ähnlichkeit mit der ersten Kruse Puppe

Charakterpuppenköpfen. Als nun die Welt mit diesen Charakterpuppen versorgt war, vermißten die Kinder die Schlafaugen, die Charakterpuppen sollten auch schlafen können. Ich habe mich lange dagegen gesträubt, aber nachdem alle Welt Charakterpuppen mit Schlafaugen machte, war ich nicht so prinzipienfest als Sie, gnädige Frau, mit Ihren Puppen und versah auch Charakterpuppen mit Schlafaugen. Das Resultat war verheerend. Die Charakterpuppen mit Schlafaugen sahen einfach fürchterlich aus und die weitere Folge davon war, daß die Charakterpuppen bezw. diese Köpfe vom Markte ebenso schnell wieder verschwanden als sie gekommen waren. Die Art der Köpfe ist den Kindern eben von untergeordneter Bedeutung; die Hauptsache ist ihnen, daß sie die Puppen schlafen lassen und auf diese Weise mit ihnen spielen können. Ihr abfälliges Urteil über den zu diesem Zwecke im Puppenkopf angebrachten Mechanismus dürfte die Vorliebe der Kinder für Puppen mit Schlafaugen kaum beeinträchtigen.

Auf die oben geschilderte Weise ist es gekommen, daß von den sogenannten Charakterpuppen kaum noch etwas übrig geblieben ist mit Ausnahme der Charakterbabies. Diese Babies haben unter dem Namen „Mein Lieblings-Baby" ihren Siegeslauf über die ganze Welt genommen, trotzdem Sie, gnädige Frau, sie nach Ihren eigenen Worten „von Anfang an bekämpft" haben.

Die von Ihnen so sarkastisch verurteilte selbsttätige Mamastimme – im Babykörper, nicht im Kopf – ist auch – ich muß es zu meiner Schande gestehen – von mir zuerst angebracht worden. Daß durch einfaches Umdrehen der Puppe die Kinder diese „Mama" sagen lassen können,

hat trotz Ihrer Mißbilligung, gnädige Frau, bei allen Kindern solche Freude erweckt, daß jetzt fast alle Puppen mit Stimme versehen werden müssen.

Wenn Sie, verehrte Frau Professor, schon den Mechanismus der Schlafaugen verdammen, was sagen Sie nun gar zu den auch von mir zuerst gebrachten „Schelmen", das sind Augen, die nicht nur schlafen, sondern sich auch seitwärts bewegen, eine Konstruktion, ohne die eine wirklich feine Puppe kaum noch verkäuflich ist.

Ihr höchstes Entsetzen, gnädige Frau, wird aber nun wohl der von mir erfundene „Unart" entfachen. Das ist eine Konstruktion, vermöge deren die Kinder durch eine einfache Drehung der Puppe bewirken können, daß die Puppe trotz Hinlegens die Augen offen behält, also „unartig" ist und nicht schlafen will. Eine weitere Vorrichtung ist die von meiner Firma zuerst herausgebrachte bewegliche Zunge, die nachgibt, wenn die Kinder die Puppe trinken lassen oder einen sogenannten Schnuller einfügen wollen. Alle diese Einrichtungen sind – es ist gräßlich! – im Innern des Puppenkopfes angebracht, aber den Kindern machen sie eine unbändige Freude, sodaß sie mit anderen Puppen, die diese Einrichtungen nicht haben, gar nicht mehr spielen möchten.

O, diese unvernünftigen Kinder!!! Und die Eltern, die so etwas kaufen!! Und die Geschäftsleute, die solche Puppen zu führen wagen!!!! Wehe den unfähigen Fabrikanten, die dergleichen herstellen!

Je länger Sie, gnädige Frau, an Ihrem Artikel geschrieben haben, umsomehr erregen alle anderen Puppen Ihren Zorn und umso heftiger werden Sie in Ihren Ausdrücken! Die berühmten Gelenkpuppen, seit Jahrzehnten das Ideal eines jeden Kinderherzens, nennen Sie „ein häßliches Gemisch von realistischen Mätzchen und tatsächlichem Unvermögen". Donnerwetter!! Immerhin will ich gern zugeben, daß die alten Gelenkpuppen sich in den Schenkeln leicht verdrehten, aber bei der Konstruktion der von meiner Firma schon voriges Jahr herausgebrachten Gelenkpuppen „Mein neuer Liebling" ist dieses Verdrehen nicht mehr möglich, auch die Kugeln der Kniegelenke sind höher gelegt, sodaß man die störenden Kniegelenke trotz der modernen kurzen Kleidung nicht mehr sieht. Sind Ihnen diese Verbesserungen, gnädige Frau, ganz unbekannt geblieben?

Ihr Artikel suggeriert dem Leser, daß Sie die Herstellung Ihrer Puppen lediglich deshalb begonnen haben, um die Kinder vor den Scheußlichkeiten der anderen Puppenfabrikate zu bewahren. Lediglich diese Liebe zu den Kindern hat Sie zur Puppenfabrikantin werden lassen, keineswegs um daran Geld zu verdienen. Gott bewahre!

Da berührt es Sie wohl um so trauriger, wenn ich Ihnen sagen muß, daß die lieben Kinder diese Wohltaten gar nicht zu schätzen wissen. Meine Kundschaft erzählt mir übereinstimmend, daß Ihre Puppen in der Hauptsache nur dann gekauft werden, wenn die Eltern – wohl veranlaßt durch Ihre glänzende Reklame – mit der vorgefaßten Absicht in den Laden kommen, eine Käthe-Kruse-Puppe zu kaufen. In anderen Fällen, wo die Kinder mit in den Laden genommen werden und wo ihnen von den Eltern die Wahl überlassen bleibt, welche von den verschiedenen Sorten Puppen sie sich wünschen, wählen die Kinder einstimmig – das ist mir oft versichert worden – Puppen mit all den oben geschilderten Einrichtungen, die Sie so sehr verdammen. Es ist ein Jammer, daß die Kinder so wenig Verständnis für Ihre liebevollen Bemühungen haben!

Celluloid, das bei der Herstellung von Puppen und Puppenköpfen ohne Zweifel gewisse Vorteile hat – der Erfolg beweist es – nennen Sie kurzerhand „ein falsches Material", aber ganz schlecht sind Sie zu sprechen auf Puppenköpfe aus Porzellan, welche – das sind Ihre eigenen Worte – für Puppen überhaupt verboten sein müßten. Natürlich, weil Puppenköpfe aus Porzellan sich siegreich gegen Ihre Puppen behaupten, sollten sie verboten werden. Das ist freilich der einfachste Weg, sich eine unliebsame Konkurrenz vom Halse zu schaffen.

A propos, Konkurrenz! Sie haben recht, Sie haben den Prozeß gegen die Bingwerke durch Reichsgerichtsurteil gewonnen. Erlauben Sie mir aber, Ihnen und überhaupt vor aller Öffentlichkeit klipp und klar zu erklären, daß ich dieses Urteil für das größte Fehlurteil halte, das mir je vorgekommen ist. Ich weiß mich in dieser Ansicht eins mit allen meinen Fachkollegen. Dieses Urteil kann nicht bestehen bleiben und muß umgeworfen werden! Eigentlich könnte ja dieses Urteil für mich nur von Vorteil sein, denn mein Charakterbaby war mindestens eine so epochemachende Neuheit wie die Käthe-Kruse-Puppe. Meine Charakterpuppe und viele andere spätere Neuheiten sind mir von der Konkurrenz glatt kopiert worden, während Bing – wie ausdrücklich vom Gericht festgestellt wurde – die Kruse-Puppe nicht nachgeahmt hat, trotzdem aber verurteilt wurde. Ich könnte aufgrund dieses Reichsgerichtsurteils ohne Zweifel fast die gesamte Konkurrenz meiner Firma Kämmer & Reinhardt A.G. in Waltershausen tributpflichtig machen.

Aber: „Leben und leben lassen". Mein oberster Grundsatz ist stets gewesen: „Niemals über die

Käthe Kruse Postkarte Ende der zwanziger
Jahre: Schwesterlein, komm tanz mit mir...

Konkurrenzfabrikate etwas schlechtes zu sagen". Das würde nur böses Blut machen und außerdem bei der Kundschaft bzw. beim Publikum einen schlechten Eindruck hervorrufen. Es ist nicht nett von Ihnen, gnädige Frau, daß Sie anders denken.

Alle Reklameartikel, die ich bisher von Ihnen gelesen habe, gipfeln in dem Gedanken, wonach Sie der gesamten Konkurrenz ein baldiges ruhmloses Ende prophezeien. Nur Ihre Puppen sind die richtigen, alles andere – um einen von Ihnen früher gebrauchten Ausdruck zu wiederholen – ist Kitsch!! Das ist eine Überhebung, deren man sich nicht schuldig machen sollte, auch wenn man eine Frau Professor und noch so sehr von seinem Fabrikat eingenommen ist. Auch ohne jede Reklame werden die Puppen meiner Firma „Mein Liebling" der wirkliche Liebling der Kinderschar bleiben, wie der Erfolg dieses Jahr es wieder bewiesen hat.

Ihr ganz ergebener Franz Reinhardt, Waltershausen, den 14. November 1925"

Weitgehend hatte Käthe Kruse ja in ihrem fast fanatisch geführten Kampf gegen die falsche Puppe recht. Nur das Zelluloid unterschätzte sie. Die Leichtigkeit des Materials war wohl doch kein so gravierender Fehler. Die gute Haltbarkeit und Waschbarkeit in Verbindung mit der preisgünstigen Herstellung und sehr hübschen Puppenmodellen hat letztendlich doch den Ausschlag gegeben. Eines Tages war sogar Käthe Kruse bereit, ihre Puppen – um sie durch niedrige Preise für breitere Kaufschichten erschwinglich zu machen – teilweise von der Firma Schildkröt herstellen zu lassen. Die Porzellanpuppe wurde tatsächlich, wie Käthe Kruse vorausgesagt hatte, im Laufe der dreißiger Jahre immer mehr verdrängt. Sie war zu empfindlich, zu hart, zu kalt für das neue Verständnis von Kinderspielzeug.

Nicht nur mit Worten warb Käthe Kruse für ihre Puppen: das niedlich-verspielte Arrangement, in dem sie die kleinen Wesen in Büchern und auf Postkarten- serien präsentierte, wirkte mindestens genauso „überredend"

Krieg und Neubeginn

Mit 88 Jahren starb Max Kruse 1942 in Berlin. Seine letzten Jahre waren vom Schrecken des Krieges über- schattet. Zuletzt blieb er sogar bei Luftangriffen in der Wohnung. Welch Gegensatz: Dieses Sterben in der kriegsgerüttelten Stadt und der zukunftsfreudige Beginn voller Ideen, Erfindungen und Hoffnungen in eben derselben Stadt fast ein Jahrhundert zuvor.

Käthe Kruse mußte in diesen Jahren viel Tapferkeit und Kraft beweisen. Nach dem Abschied von ihrem geliebten Max trafen sie zwei gänz- lich unerwartete Verluste: Der Tod von Jochen und Friedebald – dessen Name die Friedenssehnsucht während des Ersten Weltkriegs ausgedrückt hatte.

Um Käthe Kruse sammelte sich die übrige Familie, schlüpfte mit den (Enkel-) Kindern im Haus in Kösen unter, füllte es, ein Beweis weiter- gehenden Lebens inmitten des Sterbens. Käthe Kruse behielt ihren Mut und ihre Kraft. Nachdem der Krieg vorbei war, führte sie mit der Tochter Fifi die Werkstätten weiter so gut es ging. Die Söhne Max und Michael versuchten derweil Neu- gründungen im Westen.

1949 legten sie ihre beiden Betriebe (Bad Pyrmont und Donauwörth) in Donauwörth zusammen. 1950 erhielt Käthe Kruse einen Hinweis von Freunden, packte ihre Handtasche, Fifi nahm zwei Blumenstöcke mit, und beide verließen die langjährige Heimat für immer. Auf vielen Wegen wurde das Wichtigste an Unter- lagen, Formen und Schnitten in den Westen befördert. Die Kösener Firma arbeitete noch einige Jahre als Volkseigener Betrieb weiter, dann wurde sie geschlossen. Inzwischen begann ein mühseliger, letztendlich aber sehr erfolgreicher Aufbau in Donauwörth. Käthe Kruse, die in den fünfziger Jahren haupt- sächlich in Berlin lebte, versuchte besonders in Kursen die Fähig- keiten der Dekorateure zu fördern, ihre beweglichen Schaufenster- figuren geschickt zu drapieren. 1958 wurde dieser Teil der Produktion an eine Firma verkauft, die leider vier Jahre später die Her- stellung von Käthe Kruse Schau- fensterfiguren ganz aufgab.

Anfang der fünfziger Jahre schrieb Käthe Kruse ihre Lebensgeschichte nieder („Das große Puppenspiel"). 1956 wurde ihr Engagement für die „richtige Puppe" von der Bundes- regierung mit einer hohen Anerkennung ausgezeichnet: sie erhielt das Bundesverdienstkreuz Erster Klasse.

Ihre letzten Lebensjahre verbrachte Käthe Kruse in München, liebevoll von ihrer Tochter Maria umsorgt. Am 19. 7. 1968 starb sie. Ein großer, dankbarer Abschied wurde ihr bereitet.

Die Werkstätten, die ihren Namen tragen, senden inzwischen wieder etwa gleichviel Puppen in alle Welt wie einst die Kösener Firma: ungefähr 15 000 jedes Jahr. Viel mehr möchten die Händler bestellen, die Kunden kaufen – aber es bleibt, was es schon zu Käthe Kruses Zeiten war: ein ganz besonderes Püppchen, liebevoll gefertigt, Stück für Stück.

Was bleibt?

Puppen haben eine nicht zu unterschätzende Funktion im Leben eines Kindes: Sie dienen im Rollenspiel der Bewältigung all dessen, was das Kind erlebt. Einerseits werden positive Erfahrungen, zum Beispiel das zärtliche Umsorgtwerden, wiederholt und im Spiel mit der Puppe genußvoll durchlebt. Zum anderen werden belastende und erschreckende Erlebnisse ebenfalls am Puppenkind abreagiert. Es wird ausgeschimpft, zwangsgebadet, in die Ecke verbannt – das Kind kann bei diesen Wiederholungen mit vertauschten Rollen das Erlebte bewältigen, Ängste bearbeiten. Zusätzlich braucht das Kind in seinem Bedürfnis nach Geborgenheit, Weichheit und Wärme etwas zum Anschmiegen. Meist wird dieses Bedürfnis durch Kuscheltiere gestillt. Eine ideale Puppe aber würde die benötigten Eigenschaften verbinden. Käthe Kruse hat als Erste – und wohl auch

Einzige – eine fast ideale Puppe geschaffen. Besonders, als sie die Körper ihrer zweiten und dritten Puppe entwickelt hatte, war „die Puppe" beinahe vollkommen. Ihre Grundgedanken waren:

- Eine Puppe muß von Kopf bis Fuß angenehm anzufassen, also weich und warm sein (das heißt, sie muß sich zumindest mit der Körperwärme des Kindes erwärmen).
- Sie muß das Gefühl des Körperlichen durch ein Mindestgewicht vermitteln – das Kind schleppt gerne „sein Kind".
- Sie muß haltbar und waschbar sein.
- Sie muß bei einem eventuellen Schaden wieder repariert werden können, damit der Puppenmutter ihr Kind erhalten bleibt.
- Für das kleine Kind sind Haare unnötig, weil sie nicht zum Schmusen, sondern zum Frisieren anregen. Erst größere Kinder sollten Puppen mit Haaren haben.
- Die Augen sollten gemalt sein, damit sie nicht vom Kind in den Kopf gedrückt werden können.
- Eine Puppe sollte keine sichtbaren Gelenke haben, auch der unbekleidete Puppenkörper sollte schön anzufassen sein und natürlich wirken.

Nicht jedem dieser Grundsätze blieb Käthe Kruse bis zum Ende ihrer Arbeit treu, sie machte Zugeständnisse an den Markt und den sich verändernden Geschmack. Aber vor allem in den Modellen der ersten, zweiten und dritten Puppe (Puppe V) ist ihr eine weitgehende Annäherung an eine Idealpuppe gelungen. Etwas Besseres ist bisher nicht geschaffen worden, und ihre Grundsätze sind es wert, auch heute noch berücksichtigt zu werden. Die Erkenntnisse des Künstlerpaares Max und Käthe Kruse sind von zeitloser Gültigkeit.

Die Puppen

„Das Ei des Kolumbus" – die Puppe I

Als 1910 die Puppe I - damals hieß sie noch nicht so, sondern einfach Käthe Kruse Puppe – in der Ausstellung des Warenhauses Tietz zum ersten Mal zu sehen war, hieß es, die junge Mutter habe das Ei des Kolumbus gefunden. Das rührend drollige, kindlich knubbelige Figürchen, das außerdem noch geeignet schien, das Auf und Ab in Kinderhänden gut zu überstehen, begeisterte vor allem weibliche Betrachter sofort.

Diese ersten Puppen waren mit Hilfe des schon erwähnten Fiamingokopfes, der heute noch im Museum der Käthe Kruse Werkstätten in Donauwörth zu sehen ist, entstanden. Nur die Gesichtshälfte erhielt eine feste Maske, die dadurch hergestellt wurde, daß Nesselstoff in Leim getränkt wurde, dann mit der Hand zwischen eine positive und eine negative Bronzeform gepreßt wurde. Diese vorgeprägte Stoffmaske wurde nun mit Hilfe einer Negativform mit einem Wachsgemisch verfestigt. Eine kleine Metallnase – Idee des Bildhauervaters – sorgte dafür, daß die Nase später nicht hoffnungslos abflachte. Diese Kopfherstellung mit Wachsausguß wird deshalb so genau beschrieben, weil hier ein für alle Sammler wichtiges Problem verborgen ist: Die Wachsmaske wurde zwar durch Zusätze hitzebeständiger gemacht, aber sie blieb doch empfindlich. Frau Sofie Rehbinder berichtet, daß sie als Kinder immer angehalten wurden, die Puppen nicht in der prallen Sonne liegen zu lassen. Sonnenschein alleine brachte wohl nur in den seltensten Fällen die Schicht zum Schmelzen. Da aber leider weder in einem Beizettel noch in irgendeinem Prospekt auf diese „Achillesferse" hingewiesen wurde, erlebten nicht wenige Puppenmütter – und heute gelegentlich Sammler – eine böse Überraschung. Bei größeren Hitzeeinwirkungen, wurde zum Beispiel das Püppchen längere Zeit der südlichen Sonne ausgesetzt oder wurde es nach gründlichem Bade in der Nähe des Ofens getrocknet oder steht die Sammlerpuppe jetzt unter gleißendem Strahlerlicht, geriet und gerät das Wachs aus seiner Form, verschiebt sich, erkaltet mit Rissen, gibt danach im besten Fall dem Kind Sorgenfalten, im schlechtesten ein recht deformiertes Aussehen. Alle

Diese sehr frühe Puppe I gehörte wahr-
scheinlich zur zweiten Lieferung nach
Amerika. Von dort kam sie inzwischen
wieder zurück – allerdings mit leichten
Sorgenfalten: die Wachsschicht unter der
Gesichtsmaske hat dem wechselvollen
Puppenleben weniger standgehalten als
die übrige Puppe

Seite 75:
Das Apfelpflücken ist gar nicht so leicht
mit so dicken Händchen. „Froschhand"-
Puppe Fritz von 1911. Der in leichtem
Schwung geführte Lidstrich und die Nähte
sind deutlich zu erkennen

Peter – im grünen Strickanzug – gab es schon 1913. 1926 wurde er noch genauso angeboten

bis etwa 1930 hergestellten Puppen sollten deshalb unbedingt vor starken Temperaturschwankungen geschützt werden!

Die alten Köpfe weisen drei Hinterkopfnähte auf, eine Naht rund um die Gesichtshälfte und drei Abnäher: einen in der Mitte des Kopfes etwa 4 cm in Richtung Pony verlaufend und zwei von den Mundwinkeln zum Hals. Der Hinterkopf ist, obwohl fest gestopft, durch das Fehlen der Maske weicher. (Die Puppen, die Kämmer & Reinhardt etwa 6 Monate lang hergestellt hat, haben vorne und hinten eine feste Maske.)

Der Hals ist etwas weicher gestopft, –

mit Watte – damit das Köpfchen sich zur Seite neigen kann, und am Körper fest angenäht.

Der Körper besteht aus 8 Teilen (8 Nähte) und ist, genau wie die Glieder, festgestopft mit Reh-, Ross- oder Rentierhaaren. Die Beine wurden mit Scheibengelenken befestigt, haben 5 Nähte, ein rundlich aufmodelliertes Knie, extra angenähte Füße, einzeln abgesteppte Zehen und eine kleine Pappplatte an der Fußunterseite, um das Stehvermögen der kleinen Gestalten zu verbessern.

Die Hände sind – ähnlich wie die Zahl der Körpernähte und die breiten Hüften – ein Kriterium für das Alter der Puppe. Die allerersten Puppen, die im Jahre 1910 und 1911 (vielleicht auch noch 1912, aber dies ist im Augenblick noch nicht zu beweisen) produziert wurden, hatten noch eine sogenannte „Froschhand". Bei dieser hängen alle Finger nahe beieinander, zwar einzeln abgesteppt, aber ohne Zwischenraum. Auch der im November 1911 nach Ilmenau geschickte Schnitt zeigt diese Handform. Sämtliche Abbildungen, die von 1913 stammen – Zeitungsartikel und ein umfangreicher Firmenkatalog – zeigen nicht mehr die

Die Puppen von Käthe Kruse auf der vorweihnachtlichen Spielzeugausstellung im Warenhaus Tietz, 1913 in Berlin

Froschhand, sondern den einzeln abgenähten Daumen. Ab 1913 also spätestens war der Daumen einzeln etwas weiter im Handinneren angenäht. Diese Handform wurde bis einschließlich 1930 für die 43 cm große Puppe I und für die später erschienene 35 cm große Puppe VII beibehalten. Diese Hände und die Zehen waren übrigens abweichend vom übrigen Körper mit Watte gestopft. Bei der Behandlung des Körperstoffes experimentierte Käthe Kruse eine Zeitlang. Ihr Ziel war es ja, die Puppe möglichst abwaschbar zu gestalten. Sie versuchte dies kurze Zeit dadurch zu erreichen, indem sie den Stoff von innen mit Teer ausstrich. Dies machte allerdings die Haut des Puppenkindes brüchig, so daß sie diesen Versuch schnell wieder aufgab.

Auch die Bemalung kann etwas Aufschluß über das Alter der Puppe geben. Der Mund, später grundsätzlich (jedenfalls bis zum schlanken Enkelkind 1952) in einem mehr oder weniger runden Oval gemalt, scheint bei den allerersten „Froschhandpuppen" – soweit man mit der Lupe erkennen kann – einen leicht herzförmigen Schwung zu haben. Dann aber ging Käthe Kruse zu dem später zum Markenzeichen gewordenen ovalen Mund über, der sich, nach Aussage der Tochter Sofie, aus der Gesichtsmodellierung ergab. Ich glaube eher, es war ein bewußt betontes Stilelement, das den etwas schmollenden rührenden Ausdruck hervorheben sollte.

Der Lidstrich über den Augen ganz alter Puppen hat am äußeren Rand einen winzigen Schwung nach oben. Etwas später – ab 1913 – war der Schwung dann ein ebenmäßiges Halbrund.

Die Behauptung, alle, beziehungsweise die meisten sehr frühen Puppen, hätten eine Strahleniris gehabt, läßt sich nach Überprüfung mehrerer sehr alter Puppen nicht

Fritz hilft Trudel aus dem Jäckchen. Hier, wie bei der Abbildung auf Seite 76 (sie stammen aus der „Gartenlaube" von 1913) sieht man die neue Handform: nicht mehr „Froschhand", sondern einzeln abgenähter Daumen

bestätigen. Im Gegenteil stellte sich heraus, daß gerade die allerersten Puppen grundsätzlich nur einen gemalten Lichtpunkt in der sonst glatt gemalten Iris hatten. Später erst, vor allem in den zwanziger Jahren, wurden dann die Augen meist mit einer Strahleniris besonders kunstvoll gestaltet. Aber dies hing von dem jeweiligen Augenmaler ab, er hatte da freie Hand, solange das Auge „lieb" genug blickte, und schielen durfte es schon gar nicht. Mit Ausnahme der allerfrühesten Puppen gibt es also bei der Gestaltung des Auges so wenig orthodoxe Gesetzmäßigkeiten wie bei der Frage des Lockenschwunges. Eine alte Aufnahme zeigt nebeneinander die unterschiedlichsten Ponykringel. Eine üppig gemalte Mähne wie bei dem kleinen Jungen auf dem Foto Seite 79 ist zwar selten, aber kam, wie man sieht, eben auch vor. Alles war ja Handarbeit, und die Puppen sollten einander gar nicht wie ein Ei dem anderen gleichen. Das alte Foto veranschaulicht im übrigen auch gut, daß die Größe von 43 cm ebenfalls nicht immer gleich ausfiel, sondern um einige Zentimeter variierte. Sogar der Schnitt wurde gelegentlich anders

links:
Zwei sehr frühe Puppen I. Die Modellierung der Gesichter ist eher glatt, die Haare sind deftig-einfach gemalt, mittelblond bis dunkel, und die Iris der Augen ist nur mit einem Lichtpunkt versehen.

rechts:
Diese Puppen I stammen aus der zweiten Hälfte der zwanziger Jahre: Puppen aus dieser Zeit sind wesentlich intensiver modelliert (möglicherweise durch die Prägung mit Hilfe des von Max Kruse erfundenen Balanciers), haben etwas „kunstvoller" gemalte – häufig blonde – Haare und im allgemeinen Augen mit einer Strahleniris. Diese beiden Puppen sind besonders interessant, weil sie beweisen, daß Käthe Kruse kurzfristig versuchte, durch eine dünne Teerschicht auf der Innenseite des Stoffes die Puppen noch besser für Badeaktionen zu rüsten. Der Stoff wurde dadurch sehr brüchig und der Versuch schnell wieder aufgegeben.

Die Dorfgänse jagen dem Kind einen gewaltigen Schreck ein – auf der Schürze. Die Kleidung für Kruse-Puppen war besonders liebevoll und vielseitig. Tragen darf sie eine alte Puppe von 1914

Seite 79:
Dieser kleine Junge bekam statt der üblichen Locke einen dichten Pony, woran sich zeigt, daß die Bemalung nicht sturen Gesetzen unterlag. Strahleniris, etwa 1920

geführt: Der zweite Nakedei von links und der letzte rechts oben haben vorne an der Brust zusätzliche Nähte – vermutlich wurden hier Stoffreste geschickt eingepaßt. Diese erste Puppe wurde schon im Jahre 1913 in über vierzig verschiedenen Ausstattungen – und als Kaffeewärmer! – angeboten. Nur die Kleidung bewirkte, ob ein Junge oder ein Mädchen daraus wurde. Bemalung und Form waren für beide gleich. Und für beide gleich war auch, daß jede dieser kleinen Gestalten Häubchen, Mütze oder einen Hut aufbekam. Barhäuptig ging noch nicht einmal der Hemdenmatz auf die Reise.

Die frühen Käthe Kruse Puppen haben vor der Nummer verschiedene Zeichen, die möglicherweise der „Code" für die einzelnen Mitarbeiterinnen war. Ich fand die Symbole:

$$O$$
$$\triangle$$
$$\text{\cjRL{}}$$
$$n$$

Innerhalb dieser einzelnen Gruppen waren die handgeschriebenen Nummern fortlaufend. Später wurden die Nummern ohne Vorzeichen aufgedruckt.

Nackedeiversammlung aus dem Jahr 1915. Es waren durchaus kleine Individuen, mit unterschiedlichen Locken, Größen und gelegentlich sogar anderer Körperschnittführung

Seite 81:
Ein Puppenknabe von 1911 – er hat noch die breiten Froschhände – und sein zwei Jahre jüngerer Bruder Peter haben zusammen einen Schneemann gebaut

Bisher unentdeckt: Vermutlich in den
letzten Jahren der zwanziger Jahre
begann man, das Herstellungsdatum der
Puppen mit festgenähtem Hals in den
inneren Stoffeinschlag des Halses zu
drucken. Diese Puppe wurde demnach
am 19. Juni 1929 zugescnitten

Eine schön modellierte, intensiv getönte
Puppe I beim Wintersport. Strahleniris,
zwanziger Jahre

Kinderspielzeug diente häufig der Erziehung zum tapferen „Vaterlandsverteidiger". In Kriegszeiten wurden ganz selbstverständlich sogar Puppen für diese Prägung benutzt. Hier eine Postkarte mit Steiff-Soldaten

Von Soldaten zu friedlichen Puppenstubenpuppen

Das kleine Unternehmen war gerade zwei Jahre alt, da brach der Erste Weltkrieg aus. Käthe Kruse hatte angesichts eines Frontbildes prompt eine geniale Idee: Alle Kinder spielten daheim Soldaten, aber die üblichen Zinnsoldaten waren eigentlich nicht besonders einsatzfähig. So ein richtiger kleiner Soldat mußte viel können, mußte also beweglich sein. Max half ihr bei der Entwicklung eines kleinen Drahtskelettes, das bis in die Finger-

spitzen beweglich war und so jede erdenkliche Haltung annehmen konnte. Im November ließen sich die Kruses dieses „Modell zur Darstellung verschiedener Haltungen" patentieren und Käthe Kruse begann, Heere en miniature zu produzieren. 11 cm groß waren die „Potsdamer Soldaten", in aufwendiger Handarbeit hergestellt und ebenso anspruchsvoll als Angehörige verschiedenster Nationen eingekleidet.

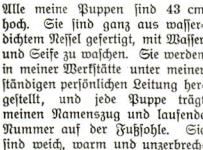

Reklame für Kruse Puppen 1915 – der Krieg zieht in die Kinderzimmer

Käthe Kruse und ihre Werkstätten.

Von Gabriele Reuter. — Mit sechs photographischen Aufnahmen.

In Bad Kösen, nahe der Saline, liegen auf freiem Felde einige Häuser, die sich durch ihre schönen vornehmen Formen, durch ihre originellen und doch nie gesuchten Eingänge, Dachsilhouetten und die Anordnung ihrer Balkone wesentlich von allen übrigen Villen des kleinen Kurortes unterscheiden. Schulze-Naumburg, der Saalecker Meister, hat sie hineingestellt in die reizvolle Landschaft mit ihren grünen Waldhöhen, ihren malerischen Ausblicken zum tieferen Saaletal und auf die fernen Burgen. — In dem kleinsten dieser Häuser, das sich mit seinem Gärtchen traulich dem alten Kirchhof anschmiegt, wo Ferdinande von Schmettau begraben liegt, die ihr goldenes Haar für Deutschlands Heldenkampf opferte, wohnte bis jetzt die Puppenmutter Käthe Kruse mit ihren fünf lebendigen Puppen. Das war ein lustiges Gekribbel in den winzigen Räumen: von all dem flaumzarten,

„Karl Hochgemut".

weichwarmen jungen Leben, das da sproßte und wuchs und spielte und lachte. Blutwenig kümmerte es die kleine Gesellschaft, daß das Hannchen und der Michel und der Jochen und wie die herumgeschleppten und abgeküßten und ernstgestraften und auch mal in der Nacht im Garten vergessenen Puppenkinder alle heißen mochten, die Mutti sich für sie ausgedacht und ausgestopft und so niedlich angezogen hatte, sachte anfingen, eine ganz richtige Berühmtheit zu werden — nicht nur im lieben deutschen Vaterlande, sondern weit über den Ozean hinüber bis nach Amerika. Sie waren sich nur darüber klar, daß man mit Muttis Puppen tausendmal schöner spielen konnte als mit allen andern, die man in Läden kaufte, weil sie niemals kaputt gingen, wenn man sie mal fallen ließ, weil sie so was Warmes, Weiches, Pummeliges hatten, wie ein richtiges Kindchen, das man im Arme trug! Und es war doch auch so herrlich bequem, wenn die Farbe ihrer drolligen dickbäckigen Gesichter durch alle die saftigen Zärtlichkeiten der kleinen, feuchten, roten Mäulchen, die ihnen zuteil wurden, und durch Regen, Sonne und Wind ein bißchen abzulassen begannen, man sie nur in die Werkstätten hinüberzutragen brauchte, damit ihnen die Augen, die Lippen, die Wänglein wieder zu neuer Jugendfrische hergerichtet wurden.

Ja — die Werkstätten —! Die lebendigen Krusepuppen lieben die Werkstätten, die sich in einer etwas weiter unten an der Straße gelegenen ganz gewöhnlichen Bade-Villa befinden, nicht sonderlich. Mutti ist gar zu viel drüben in den Werkstätten und kommt manchmal so sehr müde von dort nach Haus, daß man ganz still sein muß und nicht mehr toben und schwatzen darf.

Die tapfere Artillerie.

Die kleine zarte Mutti, die selbst noch ein wenig aussieht wie ein originelles junges Mädchenpüppchen, mit ihren Florentiner Zöpfchen, zu beiden Seiten der weichen Wangen, und den großen seelenvollen Augen . . . Es ist schwer zu glauben, daß sie da drüben an der Spitze der sich von Jahr zu Jahr vergrößernden Helferinnen- und Helferschaar ein Werk leitet, von dessen Bedeutung für Deutschlands Spielzeugindustrie die Insassen des „Kruse-Kinder-Haushaltes" freilich noch keine Ahnung haben können. Denn die kleine Frau Käthe Kruse ist ja in ihrer Weise eine Art von Genie. War sie doch die erste, die den schrecklich verflachten Konventionalismus der Puppenfabrikation mutig durchbrochen hat. Nach einer selbst erfundenen neuen Methode stellte sie eine Puppe her, die zugleich unzerbrechlich und ästhetisch erfreulich wirkte und dem Kinde sein eigenes Abbild in aller lieben Pumpeligkeit, Unbehilflichkeit und ungesuchten Drollerie schenkte. Unterstützt wurde der Eindruck des spezifisch „Deutschen" der Käthe-Kruse-Puppen durch die Art ihrer Kleidung, die, alles Glatte, Elegante meidend, ein glückliches Gemisch von ländlicher und städtischer Kindlichkeit mit sicherem Geschmack herstellte.

In dieser Zeit, in der wir alle uns, jeder auf seinem Feld, um Wiedererweckung oder Neuschaffung einer deutschen Kultur bemühen, könnten die Käthe-Kruse-Puppen geradezu vorbildlich wirken, wie deutsche Kinder behaglich, gesund und findlich anzukleiden wären, statt mehr und mehr als die verunglückten Nachahmungen Erwachsener und ihrer Modeschöpfungen herumzulaufen.

Aber die Zeiten sind kriegerisch. — Und wenn auch die nun schon bestens bekannte „Käthe-Kruse-Puppe" weder aus der Werkstätte ihrer Erfinderin noch aus den Schaufenstern der großen Spielzeugläden verschwunden ist und vor jedem neuen Weihnachtsfest neue Freunde zu den alten erwirbt — so steht doch der Sinn unserer Jugend vor allem

Wir essen gerne Gänsebraten.

Gabriele Reuter, eine bekannte Journalistin und Vertreterin der Frauenbewegung, war mit Max und Käthe Kruse eng befreundet. 1915 erschien in der „Gartenlaube" ihr Bericht über die junge Firma der Freundin

Nach dem Sturm.

auf Militarismus und Feldgrau. — Die Käthe-Kruse-Werk=
stätte ist zum kindlichen Abbild der großen schrecklichen Welt
da draußen geworden — das Kriegerische, das Militärische
beherrscht sie jetzt vollkommen. Frau Kruse begnügt sich
nicht damit, ihre Puppen als feldgraue Kinder einzukleiden
— wie man auch wohl kleine Kerlchen an der Hand des
großen feldgrauen Vaters stolz durch unsere Straßen stapfen
sieht. Nein, sie erfand etwas ganz Eigenartiges, wieder
etwas völlig Neues. Die
kleinen Soldaten aller kämp=
fenden Nationen, die sie in
diesem Jahr auf den Markt
bringt, sind vielleicht das
Vollendetste an künstlerischer
Menschennachbildung, was
in der Puppenindustrie bis=
her geschaffen worden ist.
Sie tragen so sehr den Stem=
pel eines persönlichen Wil=
lens, daß man eigentlich
nicht gut von Industrie spre=
chen kann, wenngleich die
geplante Massenfabrikation
sie auf das Gebiet der In=
dustrie weist.

Es sei nicht verhehlt,
daß zur Herstellung der
kleinen, kaum spannenlan=
gen, beweglichen Soldaten=
figuren Frau Käthe Kruse
von ihrem Gatten, dem Bild=
hauer Max Kruse, dem Schöp=
fer des Siegesboten von
Marathon, mit Rat und
Tat ausgiebig unterstützt
worden ist. Die Herstel=
lungsart der in jede Stel=
lung zu biegenden Figür=
chen ist von verblüffender
Einfachheit, doch werde ich
das Geheimnis der Erfin=
derin hier sicher nicht ver=
raten. Sie wirken so außer=
ordentlich lebendig, weil die
Proportionen des mensch=
lichen Körpers auch in die=

Frau Käthe Kruse.   Böhrkood, Phot.

ser Verkleinerung richtig getroffen sind und dadurch jede
Bewegung, die man sie machen läßt, durchaus natürlich
erscheint. Die Köpfchen sind modelliert, den Nationaltypen
der verschiedenen Völker ohne Karikierung nachgebildet.
Denn der Deutsche sieht ja in dem Feinde nicht das Mon=
strum, sondern den Menschen, der gleich ihm selbst für seine
Heiligtümer kämpft. Mit unendlicher Liebe und Sorgfalt
ist die feldmäßige Ausrüstung bis ins kleinste genau nach
Vorschrift hergestellt, und der Landwehrmann „Max
Ohnegleich“ oder der Kriegsfreiwillige „Karl Hochgemut“
hat keinen Vorzug vor den Feinden als den des eigenen
Namens. — Da gibt's in den Werkstätten Kartons mit
Russenmützen und andere mit Zuavenjäckchen, mit den
österreichischen Käppis und
den englischen Wickelga=
maschen — da liegen alle
die Hunderte von Figürchen
friedlich beisammen und wis=
sen noch gar nicht, ob sie
Freunde oder Feinde wer=
den sollen. Ohne ihre Mon=
turen sehen sie noch völlig
neutral aus. Und wenn
man sie alle so über= und
durcheinander gestreut er=
blickt, ehe ihre junge Schöp=
ferin ihnen mit den Kleidern
und einigen geschickten Grif=
fen ihrer Hand ihre Stel=
lung in der Welt anweist,
dann kommen einem ganz
wunderliche Gedanken und
Vergleiche, denen man lie=
ber nicht weiter nachgehen
mag . . . Sie führen auf
ein zu weites Feld, würde
der alte Fontane sagen.

Sind die Kerlchen aber
erst einmal eingekleidet, so
kann man Gruppen von
verblüffend malerischer und
lebendiger Wirkung aus
ihnen zusammenstellen. Der
Leser sieht's an den einge=
fügten Photographien. Ich
kann ihm dazu verraten,
daß erwachsene, ernsthafte
Menschen, die die kleinen
Feldgrauen auf meinem
Tische fanden, den ganzen
Abend nicht von ihnen fort=
zubringen waren. Es ist so etwas Seltsames an ihnen —:
in kleinster Form eine Erinnerung an Ungeheueres. Drum
werden nicht nur Knaben mit ihnen spielen wollen,
sondern mancher wird sie sich gern als ein Andenken an
diese Kriegsjahre aufheben.

Der Puppenstubenvater versucht sich als
Angler, liebevoll von seiner Frau begleitet.
17 und 18 cm, 1920

Erster Zeitungsbericht über die beweg-
lichen Puppenstubenpuppen des
Künstlerehepaares Kruse. Illustrierte
Zeitung 1916

Im folgenden Jahr fand die junge
Unternehmerin eine friedlichere
Verwendung für das patentierte
Skelett: Es war ihr aufgefallen, daß
es mit den Puppenstubenpuppen
schlecht bestellt war. Die Proportionen stimmten nicht, und mit den
Spielmöglichkeiten war es bei den
steifen Herrschaften auch nicht weit
her. Kurz entschlossen wurde der
kriegerische Putz seingelassen, das
kleine Figürchen wurde das Kind
der Puppenfamilie, größere Kinder,
eine Mutter und ein Vater kamen
dazu. Zwischen 10 und 20 cm war
diese neue Familie groß. Die
Beweglichkeit legte natürlich nahe,
daß man auch Ballettänzerinnen
formte, dann Märchenfiguren,

Berufsgruppen – die Möglichkeiten
waren unzählbar. Aber die Puppe
war auch fast unbezahlbar. Durch
die zeitraubende Handarbeit, die
mühevolle Kleinstkleidung und die –
nach Familienbüsten von Max Kruse
– modellierten Köpfchen konnte die
Puppe nicht billig genug auf den
Markt gebracht werden. In der
Mitte der zwanziger Jahre mußte
Käthe Kruse die Produktion des
unrentablen kleinen Völkchens aufgeben.

Puppengruppe aus der Werkstätte der Käthe-Kruse-Puppen in Bad Kösen (Saale).

Jede menschliche Stellung einnehmende Puppen
sind die geniale Erfindung von Frau Professor
Kruse; sie werden hergestellt in der Werkstätte
der Käthe-Kruse-Puppen in Bad Kösen
(Saale). Die Konstruktion der kleinen Soldaten
erhielt das deutsche, amerikanische und österreichische
Patent. Durch ihre Anwendung auf Puppen überhaupt dürfte eine allmähliche Neugestaltung der
Puppen vor sich gehen, d. h. weiche Puppen, die
jede menschliche Stellung natürlich wiedergeben
können, ohne ein Gelenk zu zeigen (siehe die bei-
gegebene Abbildung). Die Erfindung besteht in
einem Gestell aus starren Teilen und Gelenken, dem
menschlichen Gerippe entsprechend, und einer weichen
Umhüllung, die die natürliche Form wiedergibt,
also ähnlich Knochen und Fleisch. Daß damit hohe
künstlerische Wirkungen zu erzielen sind, dafür dürfte
der anerkannte Geschmack der Künstlerin, die noch
unterstützt wird durch ihren Gatten, den bekannten
Berliner Bildhauer Max Kruse, bürgen. — Das
neuzubearbeitende Feld ist sehr groß. Es um-
faßt alle möglichen Größen und Arten, Theaterfiguren, Puppenstubenpuppen, Künstlermodellfiguren, Reklamepuppen, dann vor allem die Puppe
des Kindes und endlich dürfte es auch die lebensgroße Schaufensterpuppe reformieren können. Auf jeden Fall wird die Erfindung dazu beitragen,
daß Deutschland auch auf diesem Gebiete nicht aus dem Felde geschlagen werden kann.

Das Schlenkerchen – der Lausbub unter den Puppen

Bis 1922 war die Puppe I ein Einzelkind, denn die beweglichen Puppenstubenpuppen waren ja etwas ganz anderes. Nun bekam sie ein Geschwisterchen: Das Schlenkerchen, die Puppe II. Käthe Kruse hatte inzwischen zu ihren drei Mädchen vier Söhne bekommen, das schlug sich in der nächsten Puppenerfindung nieder. Irgendwie ist das Schlenkerchen ein pfiffiger Lausejunge, obgleich es natürlich auch in Mädchengewänder gehüllt und mit Mütze oder Kopftuch ein Mädchen abgibt. Das Schlenkerchen vereinigte einige grundlegende Neuheiten: Es lacht – obwohl Käthe Kruse bis dahin, und auch später wieder, einen weniger festgelegten Ausdruck für richtig hielt – mit offen geschlossenem Mund, hat kurze gemalte Wimpern, und es hat einen weichen, biegbaren Körper mit „schlenkernd" angenähten Beinen. Der Körper wurde über ein Drahtskelettchen – nach dem Prinzip des Soldaten und Puppenstubenpüppchens – erst mit Watte modelliert, dann mit Mull umwickelt und danach mit Trikotstoff überzogen. Der Kopf, dessen Form

Wenn die Sonne lacht, dann nimmt so ein Schlenkerchen gern mal ein Sonnenbad, – schließlich hat seine Erfinderin gesagt, es sei die einzige Puppe, die auch nackt schön sei

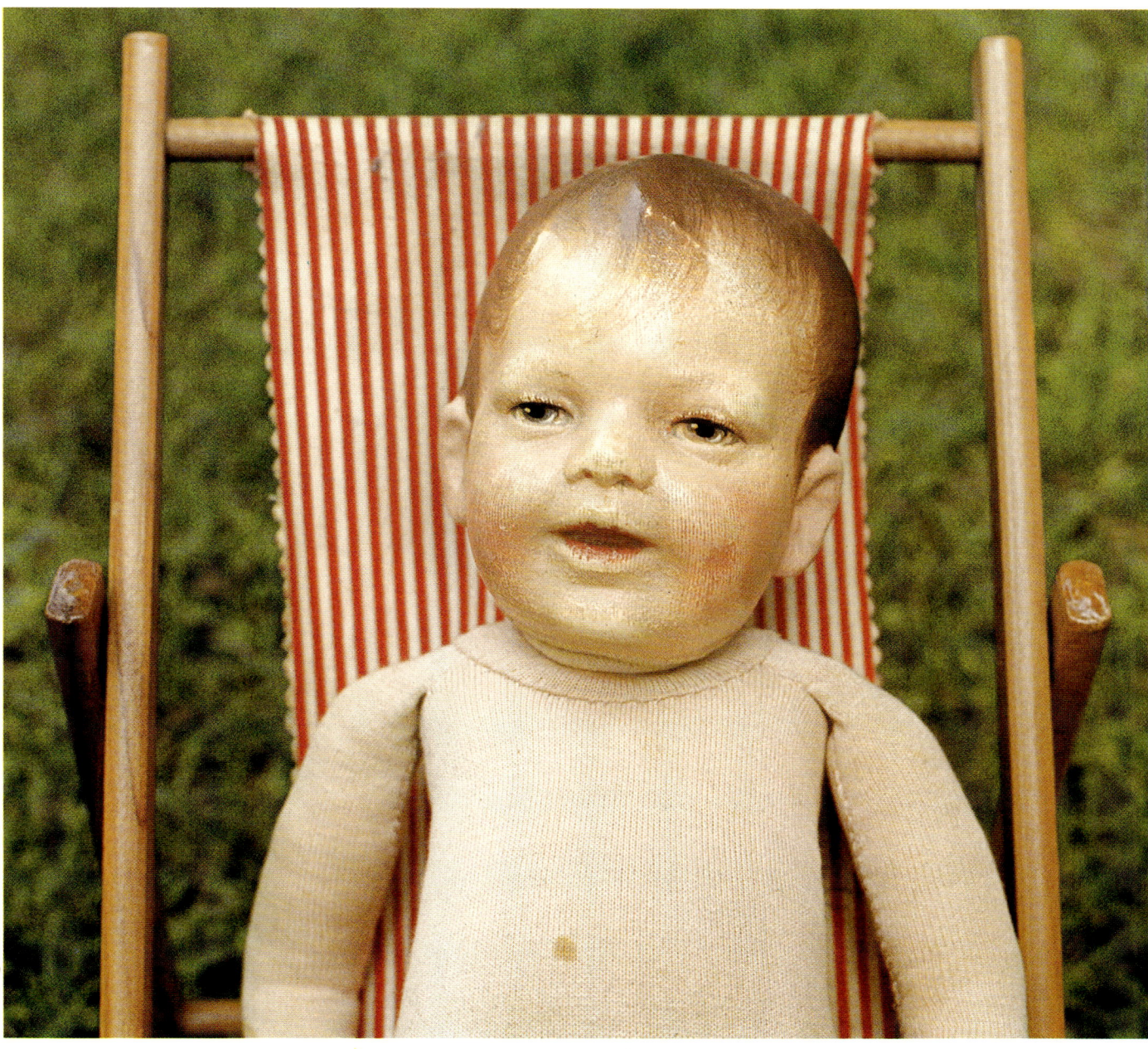

Ob diese lärmenden Brüder die richtige Schlafmusik für das Puppenkind liefern, scheint zweifelhaft. Aber Schlenkerchen sind nun mal unternehmungslustig und lebhaft – wozu hätten sie sonst so einen wunderbar beweglichen Körper bekommen?

Spielend zeigte Käthe Kruse ihre Puppenkinder am liebsten. In den zwanziger Jahren entstanden ganze Serien entzückender Postkarten und zwei Bücher: ein Bilderbuch mit Puppe I und das Buch „Bei Spiel und Sport" mit Schlenkerchen

Seite 89:
Schlenkerchen, etwa 1924. Das fröhliche biegbare Kind war eine Lieblingspuppe von Käthe Kruse. Es wurde jedoch nur von 1922 bis 1930 produziert – die aufwendige Innenkonstruktion war teuer und empfindlich

auch von einer Fiamingoputte stammte, mußte ebenfalls mit Trikot überspannt werden, da sich Nessel nicht der intensiven Modellierung angepaßt hätte.

Dieses fröhliche Geschöpfchen war eigentlich eine Lieblingspuppe von Käthe Kruse. Sie wurde nicht müde, ihre Vorzüge zu rühmen. Trotzdem konnte sie sich nicht durchsetzen. Vielleicht war sie zu leicht und zu klein. Vielleicht auch ging das weiche, empfindliche Makkotrikot zu schnell kaputt, und der Draht aus dem Innenleben kam nicht ungefährlich zum Vorschein. Letzten Aufschluß über die Produktionszeit können erst Firmenprospekte aus dem Anfang der dreißiger Jahre geben. Im Katalog 1930 kommt das Schlenkerchen nicht mehr vor, obwohl Käthe Kruse es noch im gleichen Jahr in einem Artikel als die schönste aller Puppen pries. Auch 1931 findet man keinen Hinweis mehr auf den lustigen kleinen Gesellen. Nach meinen bisherigen Recherchen scheint er ohne Kommentar etwa 1932 endgültig durch das einfacher konstruierte Hampelchen (Puppe XII) ersetzt worden zu sein.

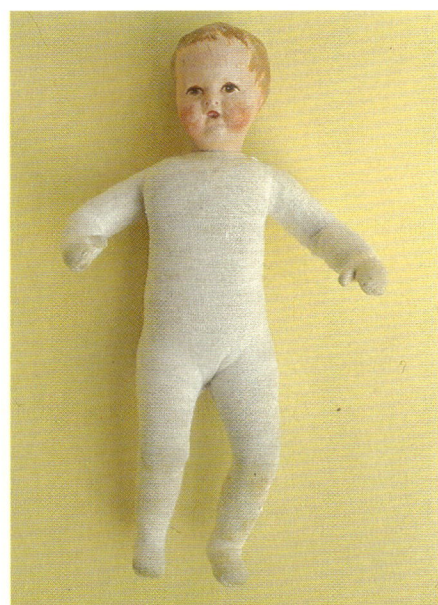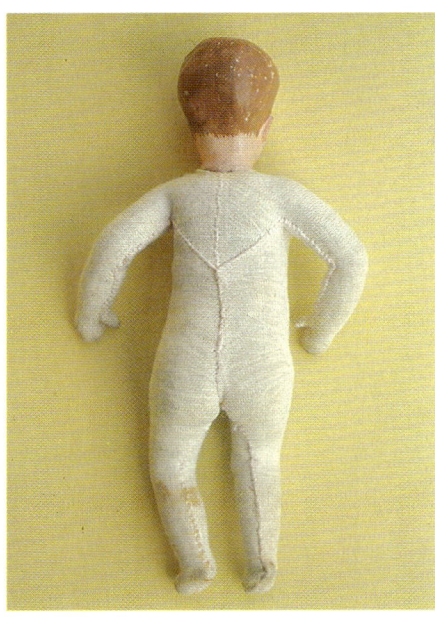

links:
Bambino, das Puppen-Puppenkind, hatte
ein Gipsköpfchen und einen einfachen,
biegbaren, trikotbezogenen Körper

rechts:
Das Körperchen mußte ganz von Hand
zusammengenäht werden

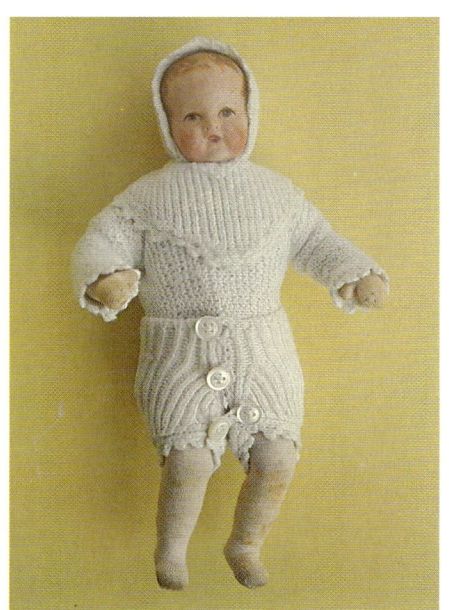

Bambino in vollständiger Original-
Wickelkind Ausstattung

Bambino

Da Käthe Kruse ihre Puppen gern auf
Fotos wie richtige Kinder spielen
ließ, brauchten diese natürlich auch
eine Puppe zum Spielen. Dieses
Kind fürs Puppenkind – Bambino
genannt – wurde vermutlich für das
Bilderbuch Anfang 1920 erdacht und
findet sich bis zum Ende der zwanziger Jahre auf Abbildungen in
Katalogen und Postkarten. Das
Köpfchen war ein vereinfachter
Kopf der Puppe I aus Gips mit
einem kleinen Einbindehals und
konnte dadurch etwas gedreht
werden. Das Körperchen wurde

über einem biegbaren Drahtgestell
gewickelt, mit Trikot überzogen und
mit der Hand zusammengenäht. Es
war einfach und maß etwa 20 cm.
Mit Engelsflügeln versehen durfte
das kleine Dekorationspüppchen
auch gelegentlich Weihnachtsengel
spielen. Nur in Ausnahmefällen
gelangte es aus einer Dekoration in
die Hände eines Privatkunden. Man
findet es dadurch heute außerordentlich selten. Als Werfpüpp-
chen, wie gelegentlich behauptet
wird, waren die kleinen Spielkinder
wohl kaum gedacht: Jeder Wurf
hätte zwangsläufig die Zerstörung
der Puppe bedeutet, das Gipsköpfchen wäre in unzählige Teile zer-
sprungen.

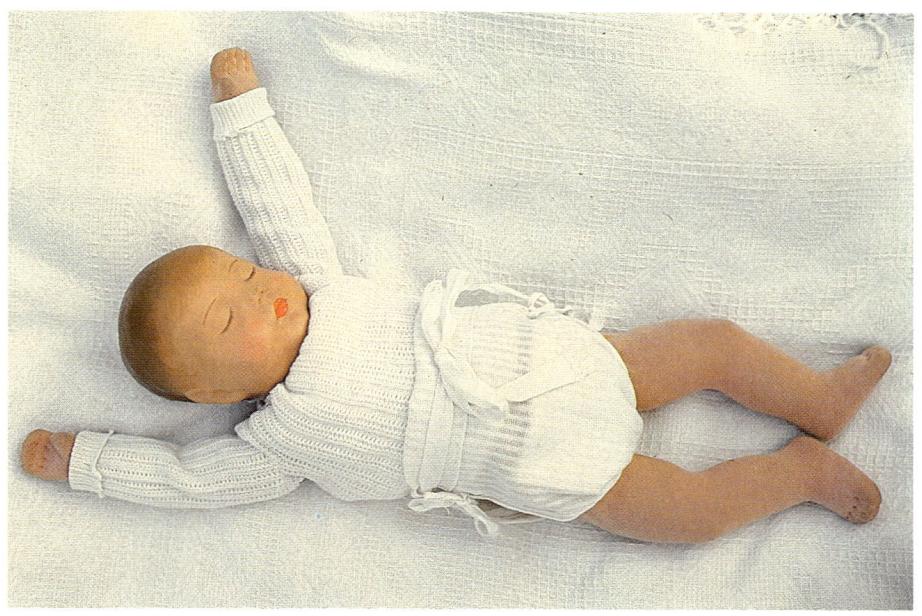

Schwer, wohlig und bis zu den O-Beinchen
naturgetreu wiedergegeben, ruht dieses
Träumerchen

Der perfekte Appell an Mutterinstinkte: die Babys

1925 erst formte Käthe Kruse, was sie vielleicht von Anfang an gesucht hatte: Ein schweres Baby, das ein so natürliches Gefühl von „Körperlichkeit" vermittelte, wie nie vorher – auch nie später - eine andere Puppe. Aber diese Idee hatte reifen müssen, setzte sich aus vielen Bauteilen zusammen. Das Drahtskelett des kleinen Soldaten war über Puppenstubenpuppe und Schlenkerchen gewachsen und wurde nun noch einmal vergrößert. Es bildete das Gerüst des weich umwickelten, mit Sandsäckchen beschwerten Babykörpers. Diese Beschwerungsart gab dem Baby im Volksmund den Namen „Sandbaby". Das Köpfchen wurde nach dem Gipsabdruck eines Babys mit geschlossenen Augen geformt und mit Stoff überzogen. Gemalte Wimpern und der typische – der ursprünglichen Gesichtsmodellierung keineswegs angepaßte – ovale „Krusemund" gaben dem kleinen Dauerschläfer eine niedliche Ausstrahlung. Die Haare des Träumerchens waren ausnahmslos

gemalt, das Köpfchen so locker angenäht, daß es sofort zur Seite fiel, wenn man es nicht stützte.

Ihr Arzt hatte Käthe Kruse darauf aufmerksam gemacht, daß es nichts Angenehmes für die Säuglingspflegekurse gab, nur „scheußliche Lederbälge oder Schlimmeres". So bestand zuerst nur der Plan, für diesen Unterricht das passende „Probierkind" zu entwerfen. Schwer mußte es sein wie ein richtiges Kind, schutz- und haltbedürftig wie dieses. Natürlich sah die Mutter schnell, daß auch das Kind sich genauso ein „richtiges Baby" wünschte. Also wurden neben den fünf bis sechs Pfund schweren Versionen auch kindgerechte, etwas leichtere (zwei bis drei Pfund schwere) Träumerchen fabriziert. Aufwachen mußten sie jetzt natürlich auch, denn ob ein Kind immer nur mit einem schlafenden Baby spielen wollte, war doch sehr fraglich: also öffnete das Träumerchen die Augen und hieß „Du Mein". Es war so entzückend, daß Käthe Kruses Beseelernaturell eine ganze Liste von Kosenamen dafür erfand: Wattebäuschchen, Tausendschönchen, Mutz und Putz, Schneeweißchen, Schummelchen und Pummelchen u.s.w.

Drei Magnesit Träumerchen mit unter-
schiedlicher Tönung. Fünfziger Jahre,
Ausführung A, 50 und 60 cm groß

Folgende Versionen kamen in den
Handel:
Puppe V s = Träumerchen
    Ausführung A mullgewickelt mit
    Trikotüberzug
    Ausführung B gestopft mit Nessel-
    überzug, Bauchnabel, fünf und
    drei Pfund schwer, 45-50 cm
    groß
Puppe V w mit offenen Augen, mit
    oder ohne Bauchnabel, die mit
    Bauchnabel fünf Pfund schwer,
    die ohne zwischen zwei bis drei
    Pfund
Puppe VI s wie V s nur größer und
    schwerer; bis zu 60 cm und bis zu
    sechs Pfund schwer
Puppe VI w wie V w; ebenfalls
    größer und schwerer, genau
    wie VI s
Beide Puppen hatten ein so natur-
getreu geformtes Hinterteil, daß die
angehende Mutter oder die Puppen-
mutter Fieber messen konnte.
Ungefähr im Jahre 1934 begann man,

ein neues, preisgünstigeres Material
für die Köpfe der Puppe V und VI zu
verwenden: Magnesit, eine zement-
ähnliche Masse, aus der schon seit
einigen Jahren die Schaufenster-
puppenköpfe hergestellt wurden.
Angeblich wurden noch bis zum
Ende der dreißiger Jahre gleichzeitig Stoffköpfe fabriziert.
Bei Rückfragen nach Kaufdaten von
Stoffträumerchen ist mir aber bisher
1935 als spätestes Datum genannt
worden. Es ist auch unwahrschein-
lich, daß die teure Fertigungs-
methode ohne extra Erwähnung
und Preisaufschlag neben der
günstigeren beibehalten worden
wäre. Firmenkataloge sprechen bis
zum Ende der dreißiger Jahre von
„ganz aus Stoff, auch der Kopf",
gefertigten Kruse Puppen. Magnesit-
Baby-Köpfe werden nie ausdrücklich angeboten, nachweislich aber
ab 1934 verkauft. Anders scheint es
sich beim „Du Mein" zu verhalten:

Es bekam wahrscheinlich erst 1936 eine zart geknüpfte Perücke und wurde mindestens bis in die vierziger Jahre auch noch mit Stoffkopf hergestellt – es gab also Stoff- und Magnesit – „Du Mein" eine Zeitlang gleichzeitig.

Das Gefühl, das diese Puppe vermittelt, wenn man sie im Arm hält, ist einmalig. Käthe Kruse hat mit diesem sich weich anschmiegenden Stoffkind am konsequentesten ihre Gedanken verwirklicht. Nicht selten, so berichtet Käthe Kruse, habe sie erlebt, wie Leute unwillkürlich leiser redeten, auf Zehenspitzen gingen, wenn sie ein Träumerchen im Kinderwagen drapierte. Wie ihre lebensechte Schöpfung einzig dekoriert werden dürfte, schrieb sie allerdings auch genau vor:

„Das Träumerchen soll immer in eingekuschelter Haltung liegen, die Händchen nah am Kopfe, denn wenn

ein Baby anders liegt, so ist es krank! Man halte sich für alle Schauzwecke bitte an die verschiedenen Abbildungen des Prospektchens, – das ist sehr wichtig für die Wirkung auf den Beschauer.

Käthe Kruse Werkstätten."

Diese drei „Du Mein" veranschaulichen die Größenunterschiede zwischen der Puppe Vw (Mitte) und VIw (links). Außerdem wurden auch Zwischengrößen gefertigt (rechts). Insgesamt läßt sich feststellen, daß die Babies etwa von 45 cm bis 65 cm groß waren

Neu!:   Puppe Vw
Das Baby Du Mein (50 cm groß) mit ganz fein geknüpften Härchen.
Rosenrot, in Ausführung B, als Hemdmatz RM 44.50, gekleidet RM 58.50
Schneeweißchen, in Ausführung A, als Hemdmatz RM 54.50, gekleidet RM 68.50

Erst im Herbst 1936 wird das Baby „Du Mein" mit Haaren als Neuheit angekündigt. 1930, als die Puppe I Haare bekam, behielt die Puppe V ausschließlich gemalte Haare

Ein besonders rührendes „Du Mein" hält seinen Teddy fest im Arm. Stoffkopf, unbeschwerter Körper ohne Bauchnabel, trikotbezogen (also Ausführung A), etwa 1927

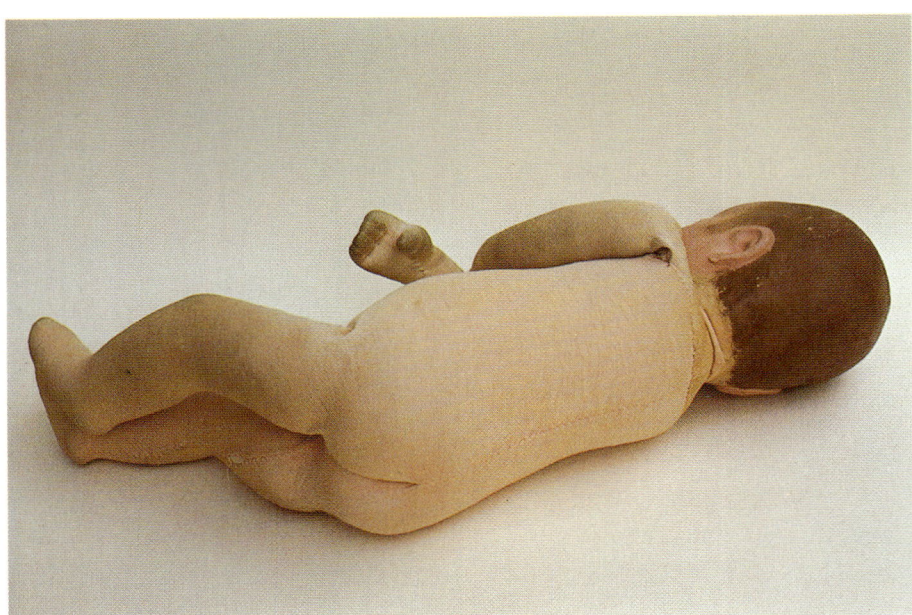

An alles gedacht: Bei den Babies können übende große und kleine Mütter Fieber messen

links:
Dieses „Du Mein" war in einer Schule alle Jahre wieder das Christkind beim Krippenspiel. Stoffkopf, etwa 1926

unten:
„Du Mein" mit Haaren – also nach 1936 – und nesselbezogenem Körper. Diese VwB bezeichnete Ausführung war billiger als die trikotbezogene A-Puppe. Man sieht deutlich, daß z.B. der Handschnitt der der PI entsprach. Rechts ein Stoff-„Du Mein" von etwa 1927, A-Version, dessen Gesicht durch Brüche der Wachsschicht unter der Maske gezeichnet ist

Zwischen Heckenröschen schlummert's sich besonders süß: Träumerchen aus dem Jahre 1927

Ein besonders zauberhaftes Magnesit „Du Mein", etwa 1936. Es beweist, daß – natürlich nur von Experten – auch stark abgesplitterte Magnesit Köpfe perfekt wiederhergestellt werden können

Seite 97:
Sinnend blickt dieses frühe „Du Mein" – selten wurde eine Puppe erdacht, die so stark an Muttergefühle rührte. Etwa 1926, Stoffkopf

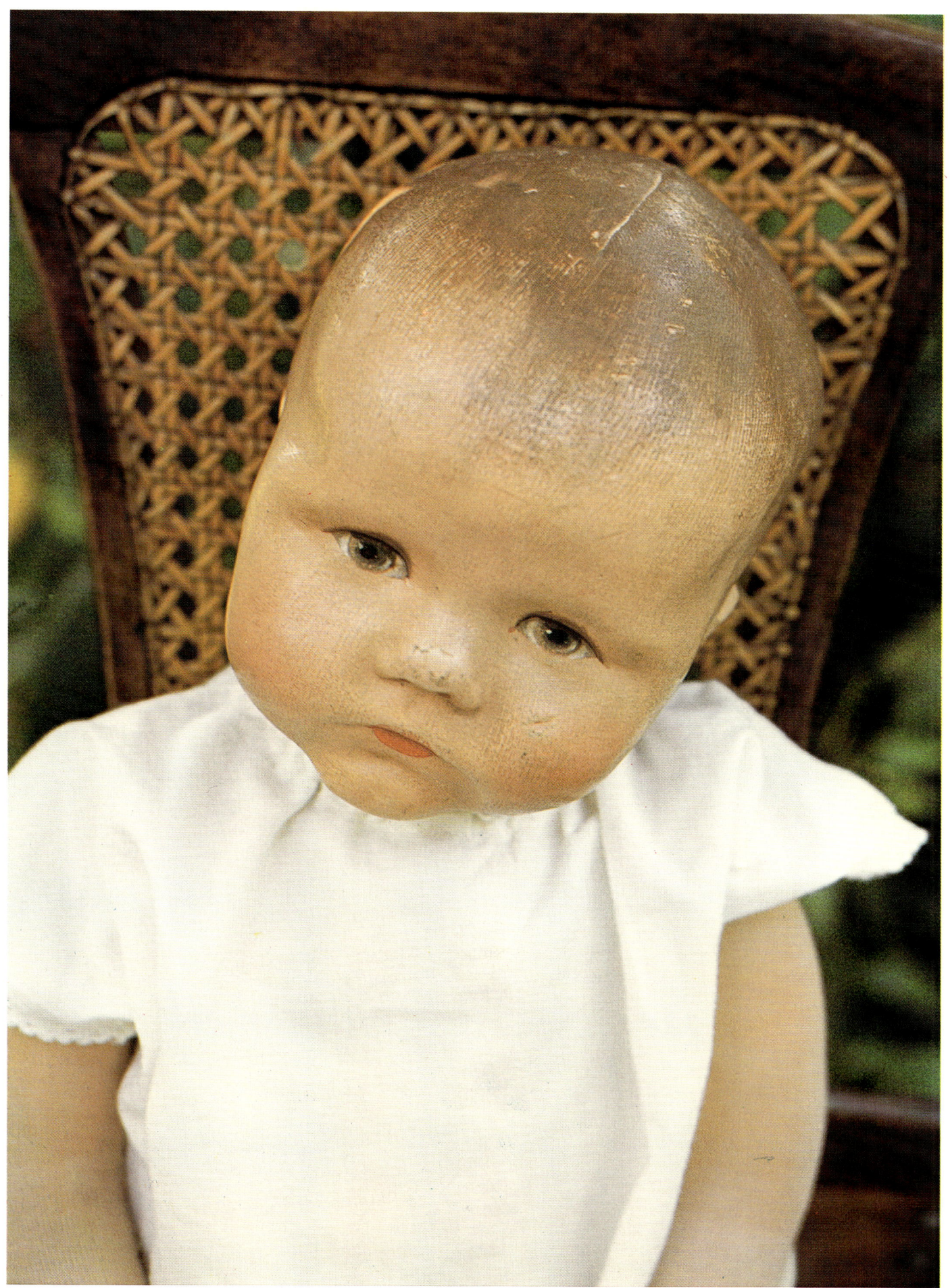

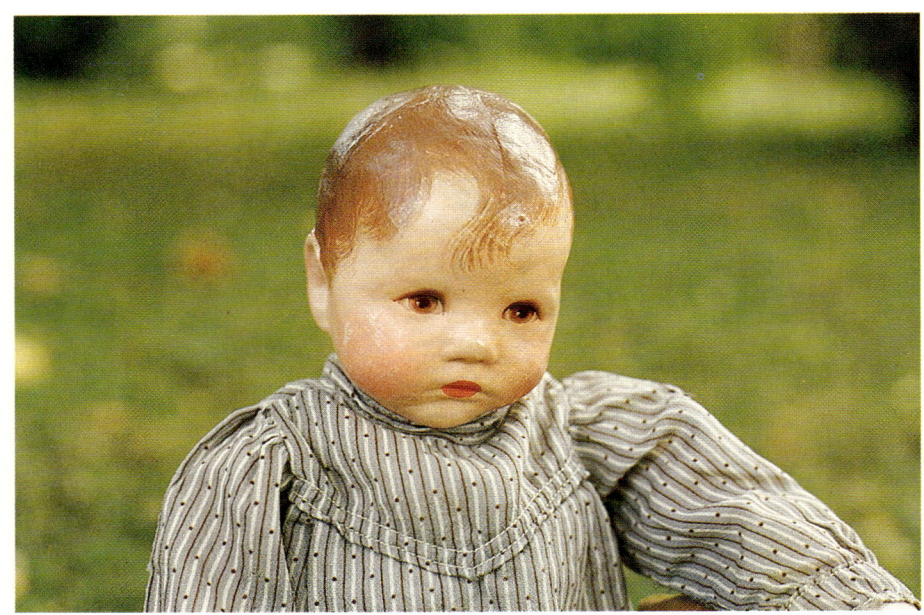

Eine besonders hübsche Puppe VII mit kleinem „Du Mein" Kopf. Etwa 1927

Beweis dafür, daß die Puppe VII bereits 1926 auf dem Markt war: Katalogausschnitt der Firma Franz-Carl Weber, 1926

Die kleine Käthe Kruse Puppe: Puppe VII

Puppe VII kam 1926 auf den Markt (siehe Katalogabbildung der Firma Franz Carl Weber, Zürich). Es war ein Mischling aus zwei vorhandenen Puppen: Der Körper war der auf 35 cm verkleinerte feste, nessel-bezogene Körper der Puppe I, das Köpfchen war jahrelang ausschließlich ein kleines „Du Mein", also der Kopf der Puppe V w ohne Haare. Entgegen bisheriger Vermutung ist der verkleinerte Puppe I-Kopf (mit Haaren, soweit man den Katalogen glauben darf) wahrscheinlich erst 1929 und 1930 hergestellt worden. Anhand von Firmen- und Spielwarenprospekten von Museen konnte ich feststellen, daß von 1926 bis 1929 sämtliche (sehr zahlreiche) Typen der Puppe VII den ver-kleinerten „Du Mein"-Kopf hatten. Nur für die Jahre 1929/30 scheint die Variante Puppe VII mit dem Kopf von Puppe I dazugekommen zu sein. Ab dem Jahr 1931 wurde auch diese Puppe genau wie die 43 cm große Puppe I in Kopf- und Körperform recht vereinfacht (schmalere Hüften, Hand in einem Stück). Von dieser Zeit an verwendete man nicht mehr den kleinen „Du Mein"-Kopf, son-

dern nur noch den verkleinerten Puppe I-Kopf – und zwar nur mit gemalten Haaren-, was die Produk-tion deshalb erleichterte, weil jetzt für die 1930 dazugekommene Puppe X und die Puppe VII einfach die gleiche Kopfgrundform benutzt werden konnte.

Puppe VII wurde als verbilligte „Inflationspuppe" auf den Markt gebracht und zuerst auch offiziell als die „billige Käthe Kruse Puppe" bezeichnet. Der Titel erwies sich als wenig verkaufsfördernd: denn billig war die Puppe im Vergleich zu anderen Erzeugnissen noch lange nicht – es gab schon Gelenkpuppen für ein Zehntel des Preises, und die meisten anderen Puppen kosteten etwa die Hälfte –, aber immerhin war sie erschwinglicher als die größeren Kruse Puppen und blieb deshalb unter dem Titel „Die kleine Puppe I" noch bis in die Nachkriegszeit im Programm der Werkstätte.

Puppe VII, 35 cm groß, mit breiten Hüften und einzeln angenähtem Daumen. Das Mädchen im roten Kleid hat den Puppe I Kopf mit Haaren, kann also nur von 1929/30 stammen. Ihre Freundin hat den verkleinerten „Du Mein" Kopf. Sie wurde zwischen 1926 und 1930 gefertigt

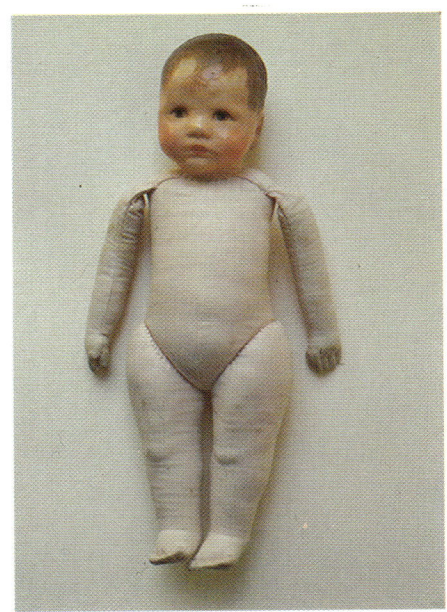

Puppe VII hatte von 1926 bis 1930 den gleichen Körperschnitt wie Puppe I, also breite Hüften und einzeln angenähte Daumen – nur verkleinert. Ab 1931 erhält auch sie den schlankeren Körper der Puppe X

„Ich heiße Hansi und komme aus Berlin", stand auf einem Schild, das diese Puppe umhängen hatte, als sie 1930 unter dem Weihnachtsbaum stand. „Du Mein" Köpfchen, 35 cm

Käthe Kruse erobert die Schaufenster

Im Jahr 1928 fing fast durch Zufall eine völlig neue Ära an: Das Münchner Kaufhaus Oberpollinger wollte zum Muttertag ein besonders schönes Fenster dekorieren und wandte sich an Käthe Kruse mit der Bitte um Kinderpuppen. Dabei dachte man wohl, daß die Spielpuppen einfach vergrößert werden könnten. Das war aber völlig unmöglich. Jeder andere hätte schlicht und einfach zurückgeschrieben, daß man nur Spielpuppen herstellen würde – Käthe Kruse ließ sich ebenso schlicht und einfach sofort auf die neue Aufgabe ein. Sie fühlte sich zwar wie jemand, der „bisher Kutschen gebaut hat und nun plötzlich einen Straßenkreuzer konstruieren soll", aber ein Teil der Vorarbeit war ja schon geschehen. Als Frau eines Bildhauers wußte sie, daß ein inneres Skelett dem Ganzen Halt geben mußte. Von dem kleinen Soldaten und seinen Nachfolgern war ja schon ein Grundentwurf dafür vorhanden.

Aber ein Kopf mußte her. Zum Glück lebte man in einer Künstlerfamilie. Annemarie, die älteste Tochter aus der ersten Ehe von Max Kruse, war mit dem russischen Künstler Igor von Jakimow verheiratet. Die beiden waren vor einigen Jahren nach Deutschland gekommen, und Käthe hatte die Tochter Fifi mit dem dreijährigen „Bilderbuchkind" Friedebald zu Jakimow geschickt und eine Büste in Auftrag gegeben. Dieser Kopf war nun die Rettung. Er gab die Form ab für das erste Schaufensterkind.

Natürlich wurde auch bei dieser harmlosen Anfrage für Käthe Kruse sofort klar, daß die Schaufensterfiguren ein ziemlich stocksteifes und ausdrucksloses Dasein führten. Es sollte eine ihrer Aufgaben werden, Leben in die steifen Herrschaften zu

bringen. Nun aber mußte die zweitälteste Tochter Fifi ans Werk. Köpfe wurden gebraucht – viele und schnell. So fing also Fifi an zu modellieren, und eine verblüffende und völlig unerwartete Begabung trat zu Tage. Die Käthe Kruse Schaufensterfiguren bekamen nicht nur bildschöne, sehr lebensechte Köpfe, sondern auch – nach dem Prinzip des Schlenkerchens – bewegliche Glieder, ohne daß man die Gelenke sah. Die ganze Konstruktion wurde wieder mit einer Trikothaut überzogen.

Das Schaufenster bei Oberpollinger wurde ein Erfolg, und Käthe Kruse wagte sich an eine serienmäßige Produktion. Die ersten auf einer Messe aufgebauten Figuren – sie stellten Ludwig Richters Zündholz verkaufende Kinder dar – fielen den gehetzten Einkäufern überhaupt nicht auf. Aber Käthe Kruse entfaltete ihr ganzes Überzeugungstalent, brachte den Dekorateuren bei, wie lebensecht man ihre Figuren aufstellen konnte, reiste zu Schulungen herum und gewann in Paris auf der Weltausstellung 1937 eine goldene Medaille mit ihren neuen Geschöpfen. Derweil hatte nämlich Fifi mit dem Klempner Ertl das Innenleben zu den erwachsenen Figuren entwickelt und zum 50. Geburtstag der Mutter dieser eine gelungene „Mutter" für die Schaufensterkinder präsentiert. Ab 1933 war also die Schaufamilie vollständig und Jochen hatte endlich die Chance, seinen Sinn für Chic und Eleganz auf das Beste anzubringen. Man spricht von über 100 verschiedenen Köpfen, die Sofie Rehbinder-Kruse im Laufe der Jahre modelliert hat.

Die Körper der Schaufensterfiguren teilen sich in drei Versionen. Die Ausführung A kann entweder nur sitzen oder nur stehen; ein Bein ist frei beweglich, das andere Knie

Jochen Kruse – von dem auch die Aufnahme stammt – erwies sich als Meister modischer Raffinesse. Gelegentlich steckte er die Stoffe nur mit Nadeln zu solch dekorativen Roben

Die ersten Schaufensterpuppen der Firma Käthe Kruse auf der Messe: Ludwig Richters Zündholz verkaufenden Kindern nachempfunden

1953 gelang Sofie Rehbinder-Kruse das erste Schaufensterkind, das mit offenem Mund strahlend lachen konnte. Es kam leider nie zur serienmäßigen Fertigung dieser Puppe

links:
Noch eine kleine Maniküre braucht dieser Schaufensterknabe

mitte:
Käthe Kruse dekoriert mit der Tochter Fifi ein Holländerschaufenster-Mädchen für eine Messe

rechts:
Käthe Kruse legte selbst gern letzte Hand an die Dekoration, überprüfte auch die kleinsten Details

fest gebogen bei der sitzenden Figur, die man auch als liegende verwenden kann. Die sitzende Figur hat 5 bewegliche Gelenke, die stehende hat gerade durchgehende Beine und 4 bewegliche Gelenke. Diese Figurenart gab es bis zu der Größe von 75 cm und diente zur Darstellung kleinerer Kinder.
B-Ausführung: Diese Figuren können nur stehen; ihr Oberkörper ist durch 5 Kugelgelenke beweglich. Sie verkörpern etwa 9 bis 11-jährige Kinder.
C-Ausführung: Diese sind die beweglichsten aller Figuren, die durch 6 Kugelgelenkpaare sowohl stehen als auch sitzen als auch die verschiedensten Bewegungen ausführen können. Sie wurden vom etwa 12jährigen Kind bis zur Erwachsenenschaufensterfigur verwendet. Alle diese Figuren hatten handgeknüpfte Perücken, die mit Druckknöpfen befestigt und dadurch

innerhalb derselben Größe austauschbar waren. Unter dieser Perücke findet man jeweils den Namen und das Herstellungsdatum der Figur und der Perücke. Auch die Köpfe, die mit einem Vierkantdorn im Halsausschnitt steckten, konnten innerhalb der gleichen Größen vertauscht werden. Sie wurden aus Magnesit hergestellt, die Augen erhielten dichte Wimpern. Im Jahre 1962 wurde die Herstellung der Schaufensterpuppen von den Käthe Kruse Werkstätten eingestellt.

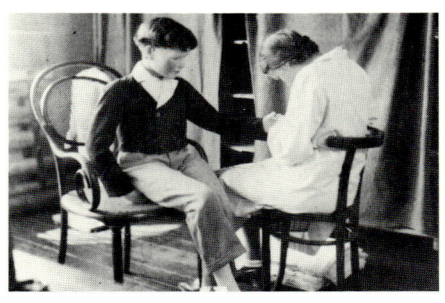

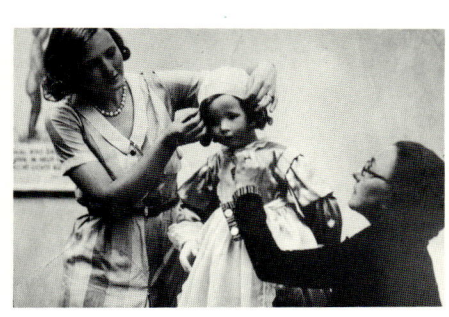

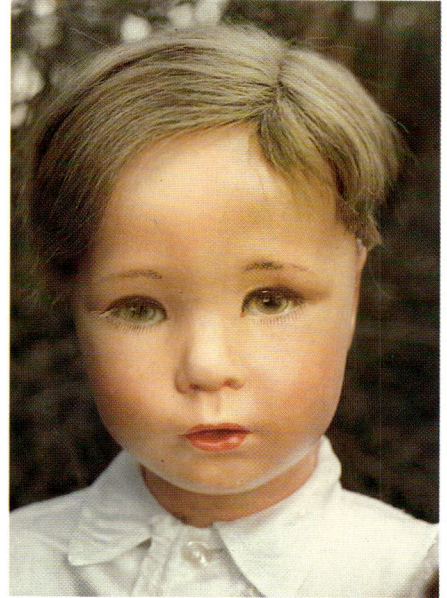  

links:
Kopf des Schaufensterkindes Friedebald

mitte:
Schaufenstermädchen Birgit-Sigrid, 1956,
1,20 m groß

rechts:
Ein junger Mann namens Julius, 1952,
1,70 m groß

Lore-Marlene ist 1,10 m groß und ein Kind
aus dem Jahr 1958

Schaufensterkind Lore fährt ihre Puppe im
Käthe Kruse Puppenwagen spazieren.
Diese Puppenwagen wurden Anfang der
dreißiger Jahre von Jochen Kruse entworfen und von einer lizensierten Firma
(Eden) gefertigt. Als Herstellungsdatum
dieses Exemplars ist an der Unterseite
1934 vermerkt. Typisch für diese Kruse
Puppenwagen sind die kugeligen mit
einer Stange verbundenen Griffe und die
Bemalung des Verdeckinneren

Der erste Katalog mit dem „Deutschen Kind" ist gleichzeitig der letzte mit dem Schlenkerchen

rechts:
Noch sind die kleinen „Deutschen Kinder", (Puppe IX) mit künstlichen Härchen versehen, und die Puppe I hat nach dem Katalog noch keine Schwester I H, tatsächlich aber konnte man auch Puppe I schon mit Haaren beziehen

unten:
Die verfügbaren Kindergrößen für Käthe-Kruse Schaufensterpuppen. Daneben gab es natürlich außerdem die erwachsenen Figuren. Auszug aus einem Spezialprospekt

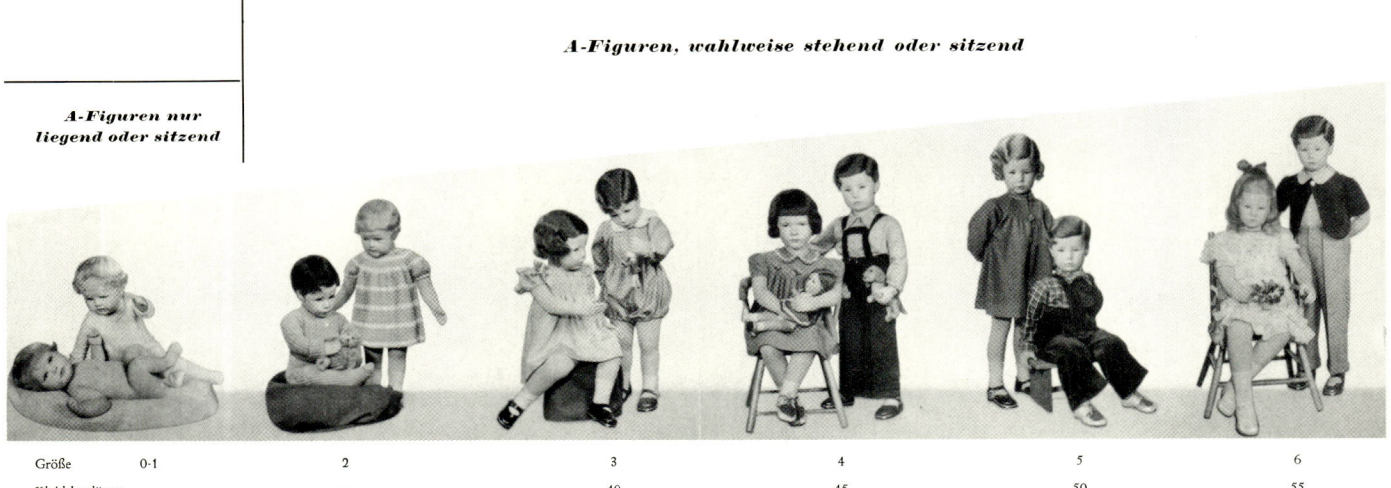

A-Figuren nur liegend oder sitzend

A-Figuren, wahlweise stehend oder sitzend

Größe	0-1	2	3	4	5	6
Kleidchenlänge	—	—	40	45	50	55

Eine Fülle von Neuheiten enthielt der Katalog 1930: Puppe X erschien; Puppe I bekam ein Geschwisterchen mit Haaren; Puppe IX konnte jetzt auch den Kopf drehen und sich außerdem mit echten Haaren schmücken

Einen breiten Raum nahm die Puppe VIII ein, die sofort nach ihrem Erscheinen 1929 ein Publikumsliebling geworden war

Susi, ein sechsjähriges Mädchen, hält ihr
Hampelchen im Arm. Sie stammt von 1954,
ihr Püppchen von 1958

Seite 107:
Ferdel, ein besonders schöner Knabe aus
dem Jahre 1952 ist genau 1 m groß

Ambrosius, das Schaufensterbaby, sitzt
ausnahmsweise auf dem Töpfchen.
Eigentlich ist es ein Liegebaby mit fest
angewinkelten Beinen

Friedebald wird ein Puppenkind

Nach dem 1928 für Oberpollinger dekorierten Fenster, kam der Auftrag, Kinderszenen aus vier Ländern nach Gemälden zu stellen. Unter anderem wurde Hübners Bild „Das Töchterchen des Malers" ausgewählt; es sollte das „Deutsche Kind" wiedergeben. Noch einmal fiel die Wahl auf den von Igor von Jakimow modellierten Kopf des dreijährigen Friedebald.

Diesmal wurde er verkleinert. Er brauchte Haare, denn das Mädchen auf dem Gemälde flicht sich gerade ein Zöpfchen. Also wich Käthe Kruse zum ersten Mal von ihrer bis dahin eisern verfochtenen Überzeugung ab und ließ eine handgeknüpfte Perücke anfertigen. Denn wenn schon Haare, so mußten es möglichst natürliche, haltbare und kämmbare sein.

Die vier Schaufensterbilder wurden wunderschön, und die dafür „neu" geschaffene Puppe VIII – auch nach dem Vorbild Friedebald genannt – wurde sofort ein Verkaufserfolg. Diese Puppe war gegenüber allen anderen wesentlich gewachsen, nur das dicke Baby konnte noch mit der Größe konkurrieren: 52 cm maß das neue Puppenkind. Ansonsten hatte es, neben der Größe, dem schmalen Körper und der Perücke noch eine Neuerung: das Köpfchen konnte gedreht werden. Um auch hier, wie bei der Puppe VII, gleich eine preisgünstigere Variante anzubieten, brachte Käthe Kruse gleichzeitig zusammen mit der 52 cm

großen Puppe VIII ein kleines Geschwisterchen, die Puppe IX, 35 cm groß, mit gleichem Kopf auf den Markt. Im Erscheinungsjahr 1929 hatte das „Kleine deutsche Kind" noch ein festangenähtes Hälschen und eine Kunststoffperücke. Man befürchtete, daß die echten Haare für das kleine Köpfchen zu schwer werden könnten. Später nahm man Echthaar. Ab dem Jahr 1930 bekam auch die Puppe IX einen drehbaren Hals.

links oben:
Nach diesem Gemälde „Das Töchterchen des Malers" von Julius Hübner wurde eines der vier Schaufensterdekorationsbilder gestellt. Man nannte die dafür entwickelte Puppe – für deren Kopf die Büste verwendet wurde, die Igor von Jakimow vom dreijährigen Friedebald gemacht hatte – der Einfachheit halber das „Deutsche Kind"

rechts oben:
Dies ist nicht das Gemälde, sondern die Dekoration mit der Puppe!

links unten:
So ist der Stoffkopf der Puppe VIII unter der Perücke gearbeitet

mitte unten:
Körperform des „Deutschen Kindes" (Puppe VIII). Der rechte Arm ist stark angewinkelt

rechts unten:
Auf dem Stoffkopf klebt unter der Perücke das Herstellungsdatum der Puppe, in diesem Fall der 6.7.1934

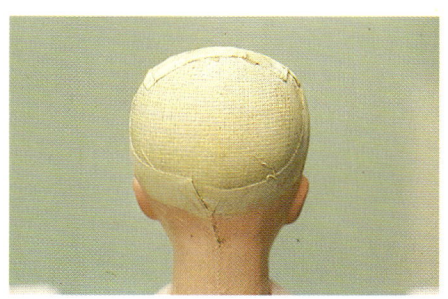

Die erste Werbung im Ausland lief mit diesem Pärchen der Puppe P VIII, 1929, transparente Bemalung. Vollständige Originalausstattung

Seite 111:
Besonders schön gestaltetes „Deutsches Kind" (P VIII) von 1934. Das Datum (6.7.1934) steht unter der Perücke

Ein Puppe-VIII Pärchen, das in der VEB
(„Volkseigener Betrieb") Werkstatt nach
1951 hergestellt wurde. Kunststoffköpfe,
beide knapp 50 cm, also kleiner als die
von Käthe Kruse gefertigten „Deutschen
Kinder"

links:
Das kleine „Deutsche Kind", Puppe IX. Der linke Arm ist leicht angewinkelt

mitte:
Puppe IX von hinten

rechts:
1929 wurde zum ersten Mal auf die neuen Perücken hingewiesen, und zwar nicht nur für das „Deutsche Kind" sondern auch für die Puppe I

Das kleine „Deutsche Kind" (P IX) als Pärchen. Trachtenkleidung war bei den Kruse-Puppen der Nachkriegsjahre besonders beliebt. Ende der vierziger Jahre. Pappköpfe

Philine (P VIII, 1937) hat sich einen Strauß
gepflückt

Seite 115:
Die Puppen VIII und IX wurden gern als
Pärchen gekauft. Diese beiden hübschen
Kinder, Jordi und Friedebald, kamen
1930/31 zu ihrer Puppenmutter, die sie
heute noch in Ehren hält

rechts:
Puppe X. Drehbarer Hals, 35 cm groß.
Dieser Puppentyp wurde 1930 als Neuheit
eingeführt. Geprägter Pappkopf. Ende
der vierziger Jahre

unten:
Die kleine Puppe I mit drehbarem Hals,
Puppe X genannt, hier mit Pappkopf,
Ende der vierziger Jahre in Westdeutsch-
land produziert

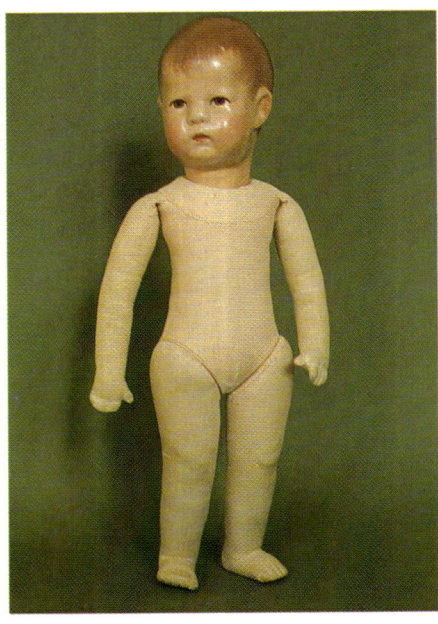

1930/31 – eine Puppen- neuheit und viele Ideen

Käthe Kruse war immer flexibel,
paßte sich, soweit sie es mit ihren
Grundideen vereinen konnte, den
Bedürfnissen des Marktes an. Die
Perücke der neuen Puppe schien
einer der Gründe für ihren Erfolg zu
sein. Also bekamen die Puppe I und
die Puppe V w diese Zutat ebenfalls.
Angekündigt 1929 und im Neuheiten-
katalog 1930 erstmalig abgebildet,
trugen die Puppen I und VII nun bei
Bedarf auch Zöpfe, Bubikopf oder
Löckchen – denn wie immer gab es
bei Käthe Kruse gleich die ver-

lockendste Auswahl. Diese Echthaarperücken waren handgeknüpft,
sahen dadurch sehr natürlich aus
und konnten frisiert werden. Auch
das drehbare Köpfchen der Puppen
VIII wurde im Jahre 1930 noch zwei
anderen Puppen zugestanden: Die
kleine Puppe I, 35 cm, wurde zusätzlich zur Puppe VII mit festem Hälschen 1930 – also nicht erst ab 1935 –
mit drehbarem Hals als Puppe X aus
der Taufe gehoben. Puppe IX erhielt
ebenfalls – erst jetzt! – ein drehbares
Köpfchen. Durch die neue Puppe X
gab es etwa ein Jahr lang das
Phänomen, daß 2 Körperversionen
für Puppe I zugleich nebeneinander

Ab 1931 haben alle Puppen den gleichen vereinfachten Handschnitt

bestanden. Die Puppe X hatte nicht mehr die breiten Hüften und den einzeln angenähten Daumen, sondern schon den schmaleren, vereinfachten Körperschnitt, einen mit Zwischennaht versehenen Arm und die in einem Stück genähte Hand. Gleichzeitig behielten die beiden anderen Typen der ersten Puppe, die 43 cm große Puppe I mit und ohne Haare, und die Puppe VII (mit Du Mein-Kopf und mit Puppe I-Kopf) noch den gewohnten breiten Körper und den einzeln angenähten Daumen. Im folgenden Jahr 1931 wurde die Produktion vereinfacht und sämtliche Puppe I-Varianten mit dem gleichen schmaleren Körper und dem Handschnitt in einem Stück hergestellt. Von dieser Zeit an weist auch die Puppe VII nur noch den Kopf Nr. I auf. Der kleine Du Mein-Kopf verschwindet aus der Produktion. Die Abbildung von Agathe und Bertchen aus dem Spielwarenkatalog 1931 zeigt den neuen Hand- und Körperschnitt. Ab 1930/31 haben die Puppe I-Köpfe keine Wachsschicht mehr unter der Maske und sind einfach modelliert.

Zwei P I Schwestern. Die ältere geht Milch
holen. Sie stammt ungefähr von 1914. Das
sitzende Mädchen kann erst 1929 oder
1930 hergestellt worden sein: Nur in
diesen Jahren wurde die alte P I mit
Haaren angeboten

Das Kleine scheint ja ernstlich krank,
jedenfalls schauen die Puppenmutter und
ihre beiden Freundinnen recht besorgt.
Die drei Mädchen (alle Puppe I) stammen
vom Ende der dreißiger Jahre und haben
noch ihre Originalkleidung an

Puppe I mit Haaren aus den dreißiger
Jahren. Der Körper ist jetzt schlanker, die
Hand in einem Stück genäht

Seite 121:
Puppe I ohne Haare. Diese Puppe wurde
Jürgen genannt und stammt von 1934. Man
sieht deutlich den neuen Handschnitt

„Matten", ein kleiner Holländer und sein
Freund – vielleicht ein Räuber aus dem
Simelieberg oder ein Handwerks-
bursche? – sind ganz besonders hübsch
gekleidet. Leider findet man nur noch
äußerst selten solch phantasievolle
Originalausstattung. Beide Puppen 1929

Nur noch selten findet man Sternschnuppchen mit seinen Flügelchen,
deshalb ist es fast unbekannt

Sternschnuppchen – Sternblümchen

Eine ganz besonders weiche kleine Neuheit, deren Beine „schlenkernd" angenäht waren, half – zusammen mit dem Hampelchen – Käthe Kruse über den Abschied vom aufwendig hergestellten und deshalb unrentablen, Liebling Schlenkerchen hinweg: die Zwillinge Sternblümchen und Sternschnuppchen kamen etwa 1932/33 auf den Markt. Eine ehemalige Mitarbeiterin, Modistin (!) für die allzeit behüteten bzw. bemützten Kruse Püppchen, berichtete mir Genaueres darüber. Das ganz weich gestopfte Körperchen war einfach verarbeitet, Hände und Füße in der Form eher nur angedeutet, dafür aber durfte es sich farbliche Extravaganzen leisten. Der Trikotüberzug des kleinen Figürchens war nicht durchwegs fleischfarben, sondern es gab auch hellgrüne, zart dunkelrote oder blaue Sternenkinder. Sie hatten das Gesicht (ebenfalls etwas vereinfacht) der Puppe I, aber nicht die übliche Hinterkopfform, sondern ein fest angenähtes Häubchen, das weich gefüllt war. Die beiden Zwillinge unterschieden sich nur in ihrer Ausstattung: Sternschnuppchen kam als Nackedei, trug einen Sternenkranz am Häubchenrand und gelegentlich einen goldenen Pappstern über dem Kopf. Einigen waren sogar Flügelchen angenäht – so war das Weihnachtsengelchen perfekt.

Sternblümchen hingegen trug ein einfaches geblümtes Hängerchen, das Häubchen aus dem gleichen Stoff und war somit das – etwas häufigere – Kind für alle Jahreszeiten. In den mir vorliegenden Katalogen und Firmenprospekten fand ich die beiden Puppen nicht. Dies läßt zwei mögliche Schlüsse zu: entweder wurde es nur sehr kurz etwa von 1932 bis 1936 produziert, oder es war nur ein Nebenprodukt ohne besondere Werbung und ist dann vermutlich bis zum Beginn des Zweiten Weltkrieges in kleiner Zahl hergestellt worden.

Sternblümchen, von etwa 1934. Dieses
weiche, trikotbezogene, einfach
gearbeitete Püppchen war besonders für
Kleinkinder geeignet. Manche Sternblümchen waren zartfarbig getönt – von
Kopf bis Fuß

Noch ein Versuch mit der Lieblingsidee: das Hampelchen

1932 wurde das Schlenkerchen durch das Hampelchen ersetzt. Kurz davor hat Käthe Kruse wahrscheinlich noch einen anderen Puppenversuch gemacht, der dann nicht in Produktion ging: die Puppe XI ist nicht überliefert. Vielleicht verbergen sich hinter dieser Nummer die im vorigen Kapitel beschriebenen Sternenkinder.

Die Puppe XII bekam dafür wieder zwei Köpfchen: einen PI-Kopf und einen Kopf nach einem Modell von Igor von Jakimow. Dieser begabte Schwiegersohn der Kruses war inzwischen Kunsterzieher an der Odenwaldschule geworden, dem „Hausinternat" der Krusekinder. Käthe Kruse hat nie einen Kopf selbst modelliert. Sie „baute" die Puppe an ein Köpfchen, das der von ihr gesuchten Form am nächsten kam.

Auch der Kopf VIII von Friedebald hat schon etwas betonte Augenlider. Dieses Stilmittel der „schweren Augenlider" ist beim Hampelchenkopf wesentlich verstärkt. Das gibt dem Gesicht etwas besonders Rührendes. Durch diesen Zug um die Augen kann es auch eindeutig identifiziert werden. Der Sammler kann ohne jeden Zweifel feststellen, ob Kopf und Körper zusammengehören. Bis etwa 1950 konnte dieses Jakimowköpfchen nur auf dem Hampelchenkörper vorkommen, das heißt, einem Körper mit locker angenähten Beinen. Während die Beine der Puppe I Scheibengelenke haben, verbindet hier ein ungestopftes Stoffteil Körper und Beine. Ein Band konnte von den Beinen an einen Knopf im Rücken gehängt werden und ermöglichte so ein etwas wackliges Stehen. 1949 gab es das große Baby Hampelschatz mit 45 cm, im Katalog

1950/51 werden noch zwei weitere Hampelchenneuheiten angekündigt: Der kleine Hampelschatz, 40 cm groß, ein 5 cm kleineres, babyartig gekleidetes Püppchen und das Hampelchen, das nicht mehr hampelt: Puppe XII/I mit festen Scheibengelenken, also dem Puppe I Körper, 45 cm groß. Außerdem wird in diesem Jahr in einer Verkaufsanzeige erstmals auch das kleine Hampelchen (33 cm) erwähnt. Es läßt sich nicht ganz eindeutig klären, bis wann diese Puppen – wie ihre Geschwister auch – einen Stoffkopf hatten. Ab 1955 wurde jedoch sicher eine Zeitlang zugleich Kunststoff und Stoff verwendet. Köpfe und Körper aus Tortulon wurden in Lizenz von der Firma Schildkröt hergestellt; allerdings nur von den Modellen das „Deutsche Kind" und „Hampelchen". Gleichzeitig produzierten die Käthe Kruse Werkstätten weiter Stoffpuppen. Man konnte wählen, es war eine Preisfrage.

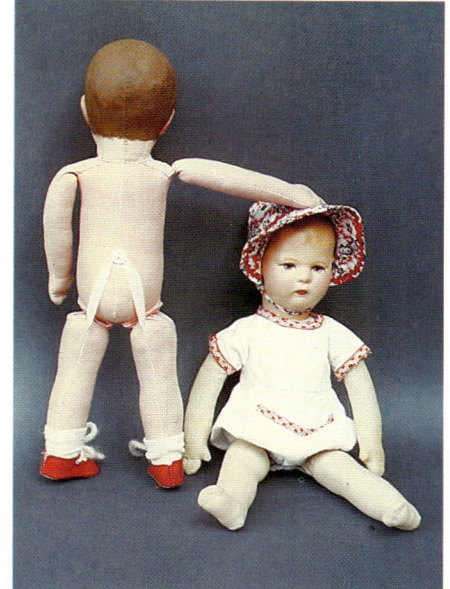

links oben:
Zwei kleine Hampelchen (Puppe XII) 35 cm groß, etwa 1950. Die linke Puppe zeigt, wie sie mit Hilfe von Knopf und Band bei Bedarf auch hingestellt werden kann. Allerdings war die „Standhaftigkeit" auf diese Weise nie sehr groß und bald wurde von den Käufern das nun auch angebotene Hampelchen mit Scheibengelenken bevorzugt

links unten:
Zwei kleine Hampelchen (35 cm) mit Puppe I Kopf in Originalkleidung

rechts oben:
Zwei Hampelchen (Jakimow-Köpfe) mit gemalten Haaren. Rechts sieht man, wie die Beine locker am Körper hängen. Das sollte ein natürliches Sitzen und Liegen ermöglichen. Beide Puppen aus den dreißiger Jahren

rechts unten:
Hampelchen (P XII) mit Puppe I Kopf und Haaren. Diese Hampelchenversion ist wesentlich seltener als die mit dem von Igor von Jakimow modellierten Kopf

rechts:
Hampelchen mit Tortulonkopf und Stoffkörper. Diese Puppe wurde von 1955 bis
1958 von Käthe Kruse produziert

unten:
Zwei Hampelchen mit PI Körper, P XII/I
genannt. Rechts ein Mädchen mit Stoffkopf, fest angenähtem Hals aus dem Jahr
1951, links ein Junge mit drehbarem Tortulonkopf, zwischen 1955 und 1958 hergestellt

Kurzfristig, etwa drei Jahre lang, von
1955 bis 1958, hat Käthe Kruse selbst
Tortulonköpfe produziert. Das Nest-
häkchen Hampelchen wird noch
heute von den Käthe Kruse Werkstätten hergestellt. Auch das
„Deutsche Kind" und das „Du Mein"
mit Haaren blieben im Programm –
allerdings mit einer deutlichen Veränderung in der Bemalung: Der
Mund wird jetzt leicht herzförmig
gemalt. Das „Träumerchen" und das
„Du Mein" mit gemalten Haaren
kann man nur noch auf Bestellung
bekommen.
Die letzte Abbildung einer Puppe I
fand ich in einem Katalog von 1954.

Spätestens ab Mitte der fünfziger
Jahre scheint diese Puppe nicht
mehr hergestellt worden zu sein.
Ihre Kopfform wurde nur noch
vorübergehend für zwei andere
Puppenproduktionen verwendet
und dann seit 1968 nicht mehr
benutzt.

links:
Gelegentlich erlaubte sich Käthe Kruse eine zusätzliche Spielerei: Dieser Kaffeewärmer mit dem Jakimow-Köpfchen ist eine Rarität aus dem Jahr 1933. Schon 20 Jahre zuvor hatte Käthe Kruse in ihrem allerersten Katalog einen Kaffeewärmer angeboten. Kaffeewärmer sind so selten, daß kaum jemand von ihrer Existenz weiß.

unten links:
Ab 1950 wird ein 33 cm großes Hampelchen – das kleine Baby Hampelschatz – angeboten. Diese kleinen Hampelchen sind verhältnismäßig selten.

unten rechts:
1937 wurde zum ersten Mal das Glückskind angeboten (siehe Kataloganhang): ein Hampelchen mit „etwas weniger fein ausgearbeiteten Händchen und Beinchen", deshalb auch etwas billiger. In den folgenden Jahren gab es nur dieses Glückskind. Erst nach dem Krieg wurde wieder das Hampelchen mit genauer gearbeiteten Händen hergestellt. Die abgebildeten Puppen „Fiekchen" und „Linchen" aus dem Katalog 1939/40 lassen gut den vereinfachten Handschnitt erkennen

KÄTHE-KRUSE-PUPPEN

Käthe - Kruse - Puppen, mit drehbarem Köpfchen, gemalten Härchen, in verschiedenen Kleidchen, als Mädchen oder Buben, Grösse X, 35 cm, je nach Kleidung . . . . Fr. **37.50** bis **41.25**

Käthe-Kruse-Puppe, wie oben, jedoch mit echten, handgeknüpften Härchen, mit Locken oder Zöpfen, je nach Kleidung und Frisur   Fr. **64.—** bis **67.50**

Käthe-Kruse-Baby Hampelschatz mit lockeren Gliedern, die immer natürlich fallen und liegen. Im rotkarierten Tragkleidchen mit Schlupfhöschen und roten Schühchen, 33 cm gross Fr. **47.50** 43 cm gross Fr. **62.50**

Käthe-Kruse-Puppe mit aufgenähtem Köpfchen, mit echten Härchen, mit Locken- oder Zopffrisur, verschieden gekleidet, Gr. 45 cm, je nach Modell . von Fr. **74.25** bis **82.50** Gleiche Puppe, jedoch mit gemalten Härchen . . von Fr. **45.—** bis **69.75** **Grosse Käthe-Kruse-Puppe** mit drehbarem Köpfchen, mit echten Haaren, Locken- oder Zopffrisur, viele verschiedene Modelle, Grösse 52 cm . . . Fr. **90.—** bis **120.—**

Hampelchen (Jakimow-Köpfchen) mit
Haaren und dem Körper von Puppe I – die
Beine sind also mit Scheibengelenken
befestigt. Diese Variante der Puppe XII,
Puppe XII/I genannt, kam 1950 auf den
Markt

Seite 129:
Zwei Hampelchen mit Jakimow-Köpfchen
und gemalten Haaren. 45 cm, dreißiger
Jahre

Käthe=Kruse=Puppen, das erzieherische Spielzeug für Mädchen

25 Jahre Käthe=Kruse=Puppen!

Ihr Sinn ist: Erziehung zur Mütterlichkeit. Die Puppen sind ganz aus Stoff, weich und unzerbrechlich. Sie lassen sich waschen, zum Teil kämmen und bürsten, ebenso aus- und anziehen.

1. **Käthe-Kruse-Puppen,** 35 cm, mit bemalten Haaren: F a n n y, in weiß-grünem Organdikleidchen Fr. **31.**—; E l l i, in hellblauem Trägerkleidchen Fr. **32.**—; U l l i, in blumigem Wollmusselinkleidchen Fr. **31.50;** V r e n e l i, in rotkariertem Miederröckchen Fr. **31.50. Desgleichen,** mit drehbarem Köpfchen und echten Haaren: P e t e r l e, in Samthöschen Fr. **49.**—; V r e n e l i Fr. **48.**—; A g n e s Fr. **54.**—; E r n i, in Seidenkreppkleidchen Fr. **47.50;** U l l i Fr. **49.50**

2. **Käthe-Kruse-Puppen,** 43 cm, in reizenden Kleidchen, mit echten Haaren: D o r o t h e e, mit drehbarem Köpfchen, blondem Lockenkopf, in lichtrotem Waschkleidchen Fr. **58.**—; L i e s e l, mit blondem Zöpfchen Fr. **64.50;** H e l e n c h e n, mit übergekämmten Locken Fr. **59.50**

3. **Größte Käthe-Kruse-Puppen,** 52 cm, mit echten Haaren, in sehr aparten Kleidchen, A l m u t, in Festkleid Fr. **68.50;** F l o r i a n, in weißem Sportdreß Fr. **68.50;** A n n e l i, in weißem Sportdreß Fr. **64.**—; A n n e m a r i e, mit 2 dicken blonden Zöpfen Fr. **67.50;** E e c h e n, in blauem Matrosenkleid Fr. **70.**—; M a r i a n n e, mit blonden Scheitelzöpfchen Fr. **63.**—; L e o n o r e, mit Hängelocken Fr. **61.50**

4. **Käthe Kruse:** „Du Mein", 50 cm großes Wickelbaby, mit echten Härchen, in Hemdchen Fr. **67.**—

Alle Käthe-Kruse-Puppen sind auch ungekleidet, nur im Hemdchen, zu haben

---

Auf Wunsch senden wir Ihnen Spezialliste mit Angaben und Abbildungen aller neuen Käthe=Kruse=Puppen

---

Diese Werbung (1936) in einem Katalog der Firma Franz Carl Weber, Zürich, war der erste Hinweis auf die Jubiläumspuppe Dorothee (2.), den ich fand

Die bisher verschollene Jubiläumspuppe Dorothee wurde 1937/38 (hier ein Katalogausschnitt) noch mit zwei verschiedenen Kleidchen angeboten. Dies war ihr letzter Auftritt – schon im nächsten Jahr wurde das Mädchen mit dem drehbaren Hals nicht mehr hergestellt

Jubiläumspuppe 1937 – ein Gastspiel

Zum 25jährigen Firmenjubiläum, Ende des Jahres 1936 angekündigt, dachte sich Käthe Kruse ein besonderes Puppenkind aus: die erste Puppe, die Puppe I, sollte bekommen, was einige jüngere Geschwister so beliebt gemacht hatte. Nicht nur die hübsche Perücke hatte das Jubiläumskind Dorothee, sondern auch einen drehbaren Hals. Diese Puppe ist weitgehend verschollen. Als ich die Bezeichnung 43 cm mit drehbarem Hals zum ersten Mal sah, hielt ich es beinahe für einen Druckfehler. Aber dann tauchte das Mädchen wieder auf: im Katalog des Jahres 1937/38 wird sie mit neuem Kleidchen – aber gleichem Namen – nochmal angeboten.

1939 ist sie wieder verschwunden – und bis heute hat man von Dorothees Existenz fast nichts bemerkt, sie taucht in keiner Veröffentlichung auf, und ich konnte bisher auch kein Exemplar dieser Sonderausgabe aufstöbern. Diese Jubiläumspuppe ist keinesfalls damit zu verwechseln, daß Puppe I H erst von 1936 an serienmäßig hergestellt worden wäre, wie bisher behauptet wurde. Die Puppe I H gab es seit 1929/30, und da sie gerne gekauft wurde, wurde sie auch seitdem entsprechend häufig produziert. Dorothees Besonderheit war einzig der drehbare Hals. 1939 begann der Weltkrieg – an ein Aufrechterhalten neuer Varianten war nicht zu denken (siehe auch Kataloganhang).

Der Anfang einer neuen Puppengeneration: Das schlanke Enkelkind

1952 zum 40-jährigen Jubiläum brachte Käthe Kruse einen Teenager auf den Markt. Die 69jährige vielfache Großmutter nannte dieses schmale, ein wenig kapriziöse Figürchen – das seinen Kopf der bewährten Puppe VIII, der Friedebaldform entliehen hatte – „das schlanke Enkelkind". Die Beschreibung der Puppe in einem Spielwarenkatalog lautet folgendermaßen:

„Käthe Kruse Jubiläumspuppe, das schlanke Enkelkind, mit drehbarem Köpfchen und echten Härchen, ein modernes kleines Geschöpf. Ihre Augen fragen klug oder blitzen ein wenig schelmisch überlegen aus den Winkeln. Auch ihre Kleidung und Frisur sind modisch. So ist sie besonders geeignet für ältere Mädchen, die ein bißchen elegant schneidern möchten. Die Puppe ist ganz aus Stoff gefertigt, warm, weich und unzerbrechlich. Handgeknüpfte Perücken, die wirklich frisiert werden können. Mit vielen eleganten Kleidchen erhältlich, 47 cm groß."

Dieses moderne, modische Geschöpf, das so wenig Ähnlichkeit mit den früheren Knuddelpuppen der Käthe Kruse hatte, durfte sich eine Extravaganz gegenüber allen bisherigen Krusepuppen erlauben: der Mund erhielt die Andeutung eines herzförmigen Schwunges. 1956 wurde die Produktion der Puppe wieder eingestellt, weil die sehr schmalen Glieder schwer zu stopfen waren. Es war außerdem ein kostspieliges kleines Wesen, teurer als alle anderen Puppengeschwister und fiel deshalb vermutlich auch den schlechten Zeiten zum Opfer.

Entweder geradeaus, wie die beiden linken Puppen Elisabeth und Ebba auf diesem Ausschnitt aus dem Jubiläumskatalog 1952, oder mit „zierlichem, schrägem Blick" schaute das „schlanke Enkelkind". Die beiden jungen Damen rechts heißen Evelyn und Evy

„Elinor", das schlanke Enkelkind, 1952. Drehbarer Stoffkopf, gleiche Kopfform wie Puppe VIII, 47 cm, herzförmiger Mund

Die erste von Schildkröt hergestellte Tortulon-Puppe Modell Käthe Kruse, Typ „Deutsches Kind", 46 cm, 1955

Schildkröt-Zwischenspiel

Um 1955 mußte sich Käthe Kruse dazu entschließen, einen Teil der Produktion von Schildkröt herstellen zu lassen, damit ihre Puppen in ausreichender Zahl abgesetzt werden konnten.

Diese von Schildkröt gefertigten Puppen VIII und XII (1955 - 1961) sind ganz aus Tortulon. Erstmalig und bisher einmalig erhielten hier Käthe Kruse Modellpuppen auch Glasaugen – sowohl feststehende als auch Schlafaugen. Nachdem auch die in den Käthe Kruse Werkstätten hergestellten Puppen gelegentlich einen Tortulonkopf erhielten (zwischen 1955 und 1958), ging man in den sechziger Jahren wegen des Kostendrucks endgültig zu Kunststoffköpfen über. Nicht ganz geklärt ist, wann und wo geprägte Pappköpfe hergestellt wurden. Nach Auskunft von Frau Sofie Rehbinder waren sie vor allem ein Nachkriegsprodukt der neugegründeten Niederlassungen. In den fünfziger Jahren versuchte man wieder zu den beliebten Stoffköpfen zurückzukehren, bis in der Mitte dieses Jahrzehnts endgültig neue Produktionswege gewählt werden mußten.

Eierkopf beim Eiersuchen. Aller Anfang ist schwer! Eines der ersten Puppenkinder mit geprägtem Pappkopf, etwa 1946 in einer der westlichen Niederlassungen hergestellt

Die Käthe Kruse Puppe heute

Heute werden sechs verschiedene Modelle von der Käthe Kruse Puppen GmbH produziert. Drei davon, die nach Igor von Jakimow gestalteten Köpfe des „Deutschen Kindes" und des „Hampelchens" und die Puppe V, stammen noch aus der Kollektion der Firmengründerin. Die anderen Modelle, „Rumpumpel", „Däumelinchen" und „Mummelchen" hat die Tochter Hanna, die jetzige künstlerische Leiterin der Werkstätten, entwickelt. Die Körper der Puppen sind immer noch stoffüberzogen, innen meist schaumstoffgestopft. Besonders mit dem biegbaren Däumelinchen, das durch die perfekte Beweglichkeit von herausragendem Spielwert ist, kehrte Frau Adler noch einmal zu einem der wichtigen – und damals grundlegend neuen – Gedanken ihrer Mutter zurück.

Mund und Augen werden auch heute noch bei jeder Puppe von Hand bemalt. Und die Perücken sind ebenfalls heute noch die einzig guten Puppenperücken weit und breit: handgeknüpfte Echthaarperücken nach dem bewährten alten Käthe Kruse Qualitätsgrundsatz. Sie lassen sich wirklich frisieren, und die Kinder können „ihr Kind" unterschiedlich

herrichten, ohne daß die Perücke Schaden nimmt.

Da die Puppen nicht nur schön sind, sondern wegen des berühmten Namens einen besonderen Ruf genießen, kommen leider nur wenige der in den Käthe Kruse Werkstätten hergestellten Puppen wirklich zu denen, für die sie gedacht und gemacht wurden: zu den Kindern. Ein sehr hoher Anteil aller verkauften Kruse Puppen verschwindet in den Vitrinen der Sammler. Ein Kompliment an die Schönheit der Puppen.

links:
Puppe 47 H, das ehemalige Hampelchen, mit Kunststoffkopf und Beinen mit Scheibengelenken im Kruse-gefertigten Lodenmäntelchen. Er heißt Daniel und macht mit seinem kleinen Bruder, einem kleinen „Deutschen Kind" (heute Puppe 35 H) einen Winterspaziergang

rechts:
Däumelinchen, Modell Hanna Kruse. 25 cm großes Püppchen mit biegbarem Körper und Kunststoffkopf. Lens, 1983

Zeitliche Einordnung der Käthe Kruse Puppen

Zeit	Typ	Merkmale
1910 – 12	Erste Version der Puppe I	Froschhände, gemalte Haare, ausgeprägter Lidstrich, Lichtpunkte im Auge, keine Strahleniris, gleicher Kopfschnitt wie bei den folgenden P I Typen. Feste Gesichtshälfte mit Wachsschicht unterlegt, weicher Hinterkopf, drei Hinterkopfnähte, eine Naht um die Gesichtshälfte, ein Abnäher im Ponybereich, zwei Abnäher von den Mundwinkeln zum Hals. Körper – mit Ausnahme des Handschnittes – unverändert bis einschließlich 1930: breite Hüften, fünf Nähte an den Beinen, ausgeformte Waden und Knie, Pappplatten unter den Fußsohlen, Beine mit Scheibengelenken befestigt, Arme mit Stofflappen beweglich angenäht, Hals locker gefüllt und fest am Körper angenäht, Nesselbezug für den Körper. Handgeschriebener Schriftzug von Käthe Kruse, Code-Zeichen und handgeschriebene Nummer unter der linken Fußsohle. Ende der zwanziger Jahre Herstellungsdatum im Stoff des Halses hinten eingedruckt (nach innen eingeschlagen, nur durch Auftrennen zu finden).
1911	etwa 6 Monate Kämmer & Reinhardt-Version der Käthe Kruse Puppe	2 feste Kopfschalen, eine Hinterkopfnaht, flacher, breiter Körper, vereinzelt mit Kugelgelenken an den Knien, runde Fußsohlen.
1912/13	Veränderung im Handschnitt von Puppe I	Der Daumen wird einzeln etwas weiter an der Innenfläche der Hand angenäht. Der Lidstrich wird etwas kürzer. Bis zum Ende des Jahrzehnts meist Lichtpunkte in der Iris, in den zwanziger Jahren häufiger kunstvoll gemalte Strahleniris.
1915	Soldatenpüppchen	Biegbare Drahtskelettchen, mit Mull umwickelt, etwa 11 cm groß, gipsmodellierte Köpfchen, verschiedenste Uniformen.
1916 – 25	Puppenstubenpuppen	Skelett und Verarbeitung des Soldatenpüppchens, aber jetzt in verschiedenen Größen ab etwa 10 cm bis etwa 22 cm, verschiedenartigste Kleidung und Kopfform, sehr breites Angebot.
1922 – 30	„Schlenkerchen" = Puppe II (nach Katalogen möglicherweise noch bis 1932 vereinzelt angefertigt)	Vergrößertes Skelett des Soldatenpüppchens, biegbarer, mit Watte und Mull modellierter und umwickelter Körper, Kopf und Körper trikotüberzogen, offen-geschlossen-lachender Mund, gemalte Wimpern, intensiv modelliertes Gesicht mit runden Bäckchen, eine Hinterkopfnaht. Kopf und Arme genau wie bei Puppe I angenäht, Beine in einem Stück locker (ungestopft) mit dem Körper verbunden (keine Naht!). Weicher als

Zeit	Typ	Merkmale
		Puppe I, Hände und Füße nur einfach ausgearbeitet.
1922 – 28	„Bambino" – ohne Puppentypnummer Dekorationsspiel-puppe für Puppen Weihnachten mit Flügelchen für Festdekoration	Vereinfachter Gipskopf ähnlich wie Puppe I. Einfacher Stoffkörper etwa 25 cm. Möglicherweise nie zum Kauf angeboten.
1925	„Träumerchen" und „Du Mein" in zwei Größen: Puppe Vw und Vs Puppe VIw und VIs	Kopf nach dem Modell eines Babys mit geschlossenen Augen, Körpergewicht und Größe eines Neugeborenen: zwischen 45 und 50 cm, etwa 5 Pfund schwer. Anfangs nur mit geschlossenen Augen (Puppe Vs), dann mit offenen Augen (Puppe Vw) mit biegbaren Gliedmaßen. Mit beschwertem (mit Bauchnabel) oder unbeschwertem (dann etwa 2-3 Pfund wiegend, ohne Nabel) Körper, Arme und Beine wie beim Schlenkerchen angenäht. Meist gewickelter trikotüberzogener Körper. Seltener – billigere Ausführung – auch gestopfter nesselbezogener Körper. Puppe VIs und VIw genau wie Puppe V, nur größer (etwa 60 cm) und schwerer (etwa 6 Pfund), hauptsächlich für Dekorationszwecke gedacht.
1926 – 30	Puppe VII	35 cm große Puppe ausschließlich mit dem verkleinerten Kopf der Puppe Vw, also dem „Du Mein"-Kopf. Körperform und Material genau der verkleinerte Puppe-I-Schnitt.
1929	Puppe VIII „Das Deutsche Kind"	Erste Puppe mit drehbarem Hals, Perücke und nach einem Kruse-Kind (Friedebald). 52 cm großer, schlanker Körper, linker Arm angewinkelt, Nesselbezug, eine Hinterkopfnaht, in den dreißiger Jahren unter der Perücke Herstellungsdatum.
1929	Puppe IX Kleines „Deutsches Kind"	35 cm große Ausführung der Puppe VIII aber mit festangenähtem Kopf und künstlichen Haaren.
1929	Puppe I	Erstmalig auch mit Perücke angeboten
1930	Puppe IX	Mit drehbarem Kopf und Echthaar-perücke.
1930	Puppe VII	Zusätzlich zum verkleinderten „Du Mein"-Köpfchen jetzt auch mit kleinem P I-Kopf und mit Haaren.
1930	Puppe X	Genau so groß wie Puppe VII (35 cm), aber mit schmalerem Körper (keine breiten Hüften mehr), vereinfachtem Handschnitt (in einem Stück) und dreh-barem Puppe I-Kopf mit gemalten Haaren, eine Hinterkopfnaht.
1931	Puppe I und Puppe I H	Der Körper wird schmaler (wie der von Puppe X geschnitten), die Hand in einem Stück genäht (keine breiten Hüften mehr,

links:
Das Baby „Du Mein', 1925 entworfen, wird auch heute noch produziert. Es heißt jetzt BH 50 und hat eine fein geknüpfte Echthaar-Perücke. Kollektion 1983. – Schmusetier ebenfalls von Käthe Kruse

rechts:
Puppe 35 H – die ehemalige Puppe IX – mit Kunststoffköpfchen und künstlichen Haaren. Gestopfter Körper, Beine mit Scheibengelenken befestigt, 1973

Seite 137:
Das 32 cm große „Rumpumpel" ist ein ganz besonders liebenswertes Kind der neuen Kruse-Puppen-Generation. Es wurde von Hanna Kruse-Adler entworfen

Zeit	Typ	Merkmale
		keine einzeln angenähte Daumen mehr, keine Wachsschicht mehr).
1931	Puppe VII	Der kleine „Du Mein"-Kopf wird nicht mehr angeboten, sondern Puppe VII nur noch mit verkleinertem P I-Kopf, ohne Perücke! Der Körper ist ab 1931 dem Körper der Puppe X gleich. Beide Typen unterscheiden sich nur noch durch das drehbare Hälschen der Puppe X, Puppe VII ist daher immer etwas billiger als Puppe X.
1932/33 (?) bis etwa 1944	Sternschnuppchen und Sternblümchen keine eigene Nummernbezeichnung (könnte Nr. XI gewesen sein)	Vereinfachter P I-Kopf, Hinterkopf nicht ausgearbeitet, mit Häubchen. Sternblümchen mit einfachem Blumenkleidchen. Sternschnuppchen nackt oder im Hemdchen, mit Sternenkranz oder goldenem Pappstern, gelegentlich auch Flügelchen. Trikot des Körpers manchmal auch in zarten Farben ganz gefärbt (z.B. hellgrün, dunkelrot).
1932	Puppe XII	45 cm groß, meist mit Kopf nach dem Modell von Igor von Jakimow. Selten auch P I-Kopf. Drei Hinterkopfnähte, fest verbundener Hals, locker schlenkernde Beine, Knopfvorrichtung zum Stehen im Rücken, mit und ohne Haare.
1936 – 38	Jubiläumspuppe I	Erst 43 cm, dann 45 cm, mit drehbarem Hals (!), sonst wie P I H, Name Dorothee, nur 2 Jahre produziert, äußerst selten.
1936	Du Mein mit Haaren	Puppe Vw bekommt eine zarte Babyperücke. Die blonden Echthaarperücken sind so dünn geknüpft, daß wie bei einem Baby die Kopfhaut durchschimmert.
1937	Glückskind (XII H)	Hampelchen wird mit einfachen Händen und Beinen billiger angeboten und heißt deshalb „Glückskind".

Zeit	Typ	Merkmale
1949	Puppe XII b	Das große Baby Hampelschatz, 45 cm.
1950/51	Puppe XII	30 cm, anscheinend nicht früher, da als Neuheit im Katalog angeboten.
1950	Puppe XII/I	Ab jetzt auch mit Scheibengelenken (als P I-gleichen Körper)
1951	Puppe XII b	40 cm, Baby Hampelschatz (Rosenrot)
1952 – 56	Das schlanke Enkelkind	Schmaler Körper, koketter Gesichtsausdruck, herzförmiger Mund, drehbarer Hals, Kopfform der Puppe VIII
1955 – 58		Kruse Puppen mit Tortulon-Köpfen und Stoffkörper. Gleichzeitig (-1961) auch von Schildkröt hergestellt, ganz aus Tortulon.
1957 – Gegenwart	Däumelinchen Modell Hanna Kruse	25 cm, von Hanna Adler-Kruse gestaltetes Köpfchen. Biegbarer Körper über Drahtskelett (nach der Tradition der Puppenstubenpuppen und des Schlenkerchens) Kunststoffkopf, trikotbezogener Körper.
1959 – Gegenwart	Rumpumpel Modell Hanna Kruse	32 cm groß, von Hanna Adler-Kruse entworfen, offen-geschlossener Mund, nesselbezogener Stoffkörper, drehbarer Kopf, Beine mit Scheibengelenken, Babyvariante mit locker angenähten Beinen.
1962 – Gegenwart	Puppe Vw = Du mein = Puppe 50 BH	„Du Mein" Kopf aus Kunststoff, handgemalt. Feine Babyperücke, auf Wunsch auch mit gemalten Haaren. Bestellt werden kann auch Puppe Vs, das Träumerchen mit geschlossenen Augen und gemalten Haaren. Stoffkörper.
1962 – Gegenwart	Puppe XII = Puppe 47 H und 47 BH	Das ehemalige Hampelchen, jetzt nur noch als Baby (47 B) „hampelnd", sonst mit Scheibengelenken verbundenen Beinen. Kunststoffkopf, Herzmund, Echthaarperücke, Stoffkörper.
1963 – 67	Graziella Modell Hanna Kruse	47 cm, flache Holzpuppe mit Wollhaaren und – im Vergleich zu den üblichen Hampelpuppen – viel „gelenkiger".
1963 – 68	Flessibilia Modell Hanna Kruse	49 cm, sehr bewegliches Kunststoffskelett, mit drei verschiedenen Kopfarten angeboten: Puppe I-Kopf. Puppe VIII-Kopf und einen eigenen Flessibilia-Kopf mit vorgewölbter, breiter Wangenpartie.
1963 – 67	Doggi	Däumelinchen aus Vinyl.
1963 – 74	Badebabies	Rumpumpelköpfchen mit Kunststoffkörper (von Schildkröt gefertigt).
1967 – Gegenwart	Familie Tinnemann	kleine, einfach geformte, bunte Frottee-Familie.
1981 – Gegenwart	Mummelchen Modell Hanna Kruse	36 cm großes Baby, das vollständig mit Nickistoff überzogen ist, Plüschperücke. Ideal für sehr kleine Kinder.

Typische Schäden

Angesichts eines lädierten Puppenkindes fragt sich der Sammler oft, wieweit die Schäden irreparabel sind oder ob die ursprüngliche Ausstrahlung der Puppe wiederherzustellen ist. Alle Krakelees – mögen sie auf den ersten Blick erschreckend wirken – sind behebbar. Da die Oberfläche durch ihre Bemalung einem Ölgemälde entspricht, kann ein guter Gemälderestaurator hier ähnlich wie bei einem Gemälde vorgehen, die gesprungenen Stellen mit einem Spezialmittel wieder mit dem Untergrund verbinden, das Ganze festigen und sogar Farbschichten fast übergangslos ersetzen. Hilfe gibt es bei abhandengekommenen Nasen oder Stirnlocken. Die Nase kann mit der Kruse-eigenen Erfindung Fimo aufmodelliert werden, die Bemalung – allerdings nur mit den gleichen Materialien wie ursprünglich verwendet, also Ölfarben – nach alten Abbildungen und erkennbaren Resten mit Fingerspitzengefühl wiederhergestellt werden. Anders verhält es sich, wenn die Form des Puppenkopfes zerstört ist. Bei frühen Puppen – bis etwa 1930 – kann durch Hitze oder Druck die Wachsschicht unter der Gesichtshälfte entweder zerbröselt oder gerissen sein. Solche Schäden kann man mit keinem Verfahren wieder ausbessern. Man kann sie akzeptieren, wenn die „Alterung" nicht die Ausstrahlung der Puppe zerstört. Auch eine gelbe Übermalung, die man bei einigen früher restaurierten Puppen findet, erweist sich als äußerst widerstandsfähig. Hier gilt dasselbe wie für Formveränderungen: Hat die Puppe noch ihren Charme oder ist sie vollkommen entstellt? Ändern kann man nichts mehr.

links:
Stehend eine hoffnungslos zerstörte Puppe VII, sitzend eine zwar gelb und etwas typ-fremd bemalte Puppe I, aber in hübsch erhaltener Form

rechts:
Puppe I. Häufig haben Käthe Kruse Puppen ihre Nase eingebüßt und Teile der Bemalung. Wenn die übrige Form des Gesichts nicht zerstört ist, sind solche Schäden gut behebbar

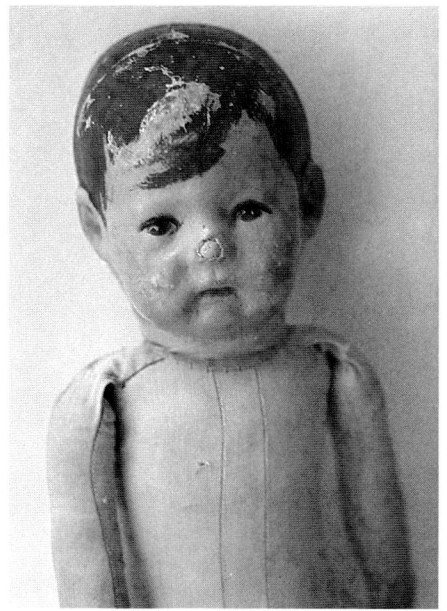

Zeitgenössische Dokumente und Kataloge

Weihnachtspuppen.

Von Gertrud Triepel.

Puppenkinder werden wohl zu jeder Zeit von ihren kleinen Müttern mit offenen Armen aufgenommen, aber eine Weihnachtspuppe — das ist doch etwas ganz Besonderes. Sie kommt ja direkt aus dem geheimnisvollen Weihnachtslande, weit, weit hinter den Bergen, und in ihren braunen oder blauen Augen fängt sich der Glanz der Christbaumlichter und bleibt darin gebannt das ganze Jahr hindurch.

Tausend und aber tausend Puppen sind im Laufe der Jahrhunderte durch die Welt der Kinder gegangen; sind geliebt und geherzt, gehegt und gepflegt worden und dann

Puppenbaby. Von Käthe Kruse.

Sie tasten noch, die unternehmungslustigen Püppchen; aber hier und da ist doch schon ein Ziel erreicht, vor dem nicht nur die Kinder, sondern auch wir Großen freudig stillstehen.

Schaut sie euch nur einmal an, die herzig-drolligen Geschöpfe hier. Nicht wahr, es ist schwer zu entscheiden, ob's Puppen oder richtige, lebende Menschlein sind? Aber nein, es sind wirklich nur Puppen; freilich Puppen von ganz besonderer Art, das merkt man gleich. Da sind zuerst die „Käthe-Kruse-Puppen", die nichts sein wollen als innigeliebte Spielpuppen, die kein kluges Gesicht, kein ewiges Lächeln aufsetzen und doch so schalkhaft, putzig und kinderniedlich in die Welt hineinschauen, daß man sie unwillkürlich nach Herzenslust abküssen möchte. Ihr Körperchen ist wie ein gesunder, rosiger Kinderleib; der kleine Rücken, die runden Knie, die drallen Waden und Arme — alles ist dem Leben abgelauscht und in seiner Beweglichkeit und Elastizität beinahe selbst wie lebendiges Fleisch. Aus einer Menge einzelner Stoffteile, mit winzigen Abnähern ist der Puppenleib zusammengefügt und dann fest mit Watte ausgestopft, und darauf sitzt locker, so daß es sich beliebig hin und her bewegen kann, ein entzückendes, stumpfnäsiges Köpfchen mit babyhaft verständigem Ausdruck. Das Köpfchen ist, genau wie der Körper, aus Stoff genäht und mit Watte gefüllt. Ein besonders präpariertes Fixativ hält die zarte Malerei fest — auch die Härchen sind gemalt, da die Flachsperücken den kindlichen Liebkosungen ja bekanntlich doch nicht lange standhalten — so daß der Puppenkopf sich wie einer aus Porzellan waschen und abküssen läßt, ohne von seiner Frische etwas einzubüßen. Natürlich läßt sich auch der ganze Puppenleib mit Wasser und Seife „abschrubben", wenn der Reinlichkeitstrieb der kleinen Mama das verlangt.

Trotzdem nun alle diese Püppchen nach dem gleichen Schnitt gearbeitet werden, hat doch jedes, merkwürdigerweise, sein ganz besonderes Aussehen, ist gleichsam ein Wesen für sich. Je nachdem das Köpfchen sich nach vorn, hinten oder seitwärts biegt, kann es zärtlich betteln, schelmisch blinzeln, ein „Schippchen" machen oder eigensinnig trotzen. Und auch der

schließlich doch gestorben und verdorben, wie es so im Leben geht, und immer neue erstehen und suchen ein warmes Fleckchen am warmen Herzen zärtlicher Puppenmütter.

Aber auch die Puppen können sich dem Einfluß der Zeitströmung auf die Dauer nicht entziehen. Auch in ihrem Lager gibt es jetzt eine „Bewegung", einen Kampf zwischen dem Rückständigen, Überlebten und dem Neuen. Sie fangen an, sich zu emanzipieren, wollen die alte Hülle mit ihrer oft recht nichtssagenden Gleichgültigkeit abstreifen, wollen in Form und Wesen ihren kleinen Müttern immer ähnlicher werden.

Anzug tut natürlich das seine und verändert unversehens das kleinste Dummchen in einen drolligen Hemdenmatz oder ein Bauerndirnlein oder in ein drei- bis vierjähriges Bußelchen, das in possierlicher Würde einherspaziert.

Diese Verwandlungsfähigkeit ist eben einer der größten Reize der Käthe-Kruse-Puppe. Sie bietet der kindlichen Phantasie immer neue Nahrung, macht das Spiel immer wieder frisch und reizvoll. Diese Puppe weint und lacht, wie die kleine Mutter es haben will, sie lächelt nicht dumm und stumm zu allen Ereignissen ihres oft vielbewegten Daseins, gleichviel, ob sie freudiger oder trauriger Natur sind. Und so kann sie Jahre hindurch ein lieber, unzertrennlicher Gefährte des Kindes sein und zugleich mit ihm — einzig durch Veränderung der Kleidung — heranwachsen.

Die Erfinderin dieser Stoffpuppen ist natürlich eine Mutter. Denn nur eine Mutter kann

Der Spaziergang. Von Käthe Kruse.

so bis ins kleinste wissen und nachfühlen, wie eine Puppe beschaffen sein muß, die ihren Zweck wirklich erfüllen soll: unzerbrechlich, damit sie einen gelegentlichen Puff vertragen kann; weich, damit das Kind sich nicht an ihr stößt; waschbar, nicht zu klein und nicht zu groß und, wie gesagt, wandlungsfähig bis ins Unendliche und reizend, ohne ins Schablonenmäßige zu verfallen. Viele, viele Versuche sind diesem endgültigen Erfolg vorangegangen; aber nun ist er da, und die Käthe-Kruse-Puppe, die übrigens 46 Zentimeter groß ist, hat sich schon in aller Herren Ländern begeisterte Freunde geschaffen. Jede Puppe ist von Anfang bis Ende Handarbeit, jede ist ein Original, von Künstlerhand bemalt und von Künstleraugen begutachtet. Denn Frau Käthe Kruse — übrigens die Gattin des bekannten Bildhauers Professor Max Kruse — ist nicht nur eine zärtliche, verständnisvolle Mutter, sondern auch eine begabte Malerin, und als solche übt sie scharfe Kritik an den Puppen, die alle unter ihrer persönlichen Leitung hergestellt werden. Versuchsweise war die Käthe-Kruse-Puppe eine Zeitlang in Fabrikbetrieb übergegangen, aber dabei verlor sie allmählich alle

Hans und Peter. Von Käthe Kruse.

Auf dem Wege zum Spielplatz.
Von Käthe Kruse.

Eigenart und wurde eine Schablonenpuppe, wie so viele ihrer Schwestern, die sie doch eben überflügeln will. Das ging also nicht, und nun hegt und pflegt die Künstlerin ihr Herzenswerk wieder in „eigenem Betrieb" weiter, sich selbst und andern zur Freude. Ihr einziger Kummer ist, daß der Preis sich dadurch etwas erhöht — 24 Mark kostet solch ein Puppenkind — aber es ist ja auch keine Eintagspuppe, die man heute kauft und morgen in den Winkel wirft, sondern eine Puppe, die dem Mütterlein ans Herz wächst, der es gar keine Nachfolgerin geben will, und die sich leicht wieder auffrischen läßt, wenn das Übermaß der Liebkosungen sie blaß und müde gemacht hat. Entzweigehen kann sie doch eben nicht, das ist ja das Schöne an ihr, denn auch die Hände und Füße sind aus Stoff gearbeitet.

Und wie zieht Puppenmütterchen nun ihren Liebling an? Gibt es etwas Herzigeres als die kleine Gesellschaft hier in ihren echt kindlichen Hemdchen und Kleidchen? Da ist nichts Gesuchtes und Puppenhaftes, kein Flitterkram, der den Kindergeschmack verderben könnte, alles solide, praktisch und dabei doch so entzückend niedlich. Und das kommt daher, daß die Kruse-Puppen sich eine ganz besondere Schneiderin ausgesucht haben; auch wieder eine Künstlerin und junge Mutter, die mit dem Herzen bei ihrer Arbeit ist und weiß, wie's die Kinder haben wollen und zum richtigen Spiel brauchen. Vom gestrickten Jäckchen und dem gehäkelten Mützchen bis zu den gestrickten Söckchen und weichen Schuhchen, vom gestickten Krägelchen bis zu dem Röckchen und bortengeschmückten Kleidchen ist alles Handarbeit, nach eigenen Ideen und Entwürfen der Künstlerin ausgeführt. Und ein Kind, das mit solch einem vernünftig gekleideten Puppenbaby gespielt, es an- und ausgezogen hat, wird, wenn es erwachsen ist, auch mit lebenden Kindern umzugehen wissen.

Das also ist die vielbesprochene Käthe-Kruse-Puppe, die ihre Ärmchen allen puppensehnsüchtigen, kleinen Mädchen freundlich entgegenstreckt und gewiß unter vielen Christbäumen prangen wird.

Ganz anders und wohl mehr für größere Kinder berechnet sind die Kaulitzpuppen, die sich hier ebenfalls im Bilde vorstellen. Auch sie haben eine Künstlerin, Marion Kaulitz, zur Mutter, die sich mit großer Liebe in ihre Schöpfungen versenkt. Hier ist jedes Püppchen ein Typ, jedes hat einen besonderen Ausdruck und Charakter; vom sittigen Schulfuchs bis zum verschmitzten Bäuerlein, vom kleinen, süßen Dirnchen mit den braunen Zopfkringelchen am Ohr bis zum zierlichen Rokokodämchen im knisternden Seidenkleid, vom fidelen Negerjungen bis zum züchtig-sentimentalen Biedermeierfräulein sind alle Lebensalter und Zeitläufte vertreten. Die Köpfchen dieser Puppen — jeder einzelne ein Kunstwerk — sind von Marion Kaulitz selbst oder von jungen Münchener Künstlern modelliert; sie bestehen, ebenso wie die reizend ausgearbeiteten Hände und Füße, aus einer waschbaren, fast unzerbrechlichen Masse, so daß sie selbst einem reichlichen Ansturm von Wasser und Seife wacker standhalten können. Wundervoll echt und allerliebst in ihren Formen sind die Kleidchen der Kaulitzpuppen, ob sie nun aus derbem, buntem Wollstoff, aus einfachem Kattun oder aus raschelnder Seide und feinem Tuch bestehen. Sorgfältig genäht und bis ins kleinste mit Liebe bedacht und ausgestattet, können sie an- und ausgezogen und gewaschen werden.

Die Kaulitzpuppen haben denn auch schon auf vielen Kunstausstellungen Aufsehen erregt. Ihr Anblick ist ein Genuß für die Großen und eine Quelle staunender Freude für die Kleinen. Ob freilich jedes Kind die Kaulitzpuppen zum Spielen begehren wird, ist eine Sache für sich. Kinder haben oft ganz besondere Wünsche und Ansichten, und was das eine in hellen Jubel versetzt, läßt das andere ziemlich gleichgültig und kalt. Da kann nur die Mutter entscheiden, die das Seelenleben ihres Töchterchens kennt und weiß, was seinen Neigungen entspricht.

Ob Käthe-Kruse-, ob Kaulitzpuppe — wir vermögen es von uns aus allein nicht zu entscheiden. Wir können nur das Preislied ihrer Eigenart und Schönheit singen, aber das Schlußwort dazu wird doch in allen Fällen das Kind selber sprechen müssen, für das die Puppe ja ein Stück Leben bedeutet.

Puppen als Oberbayern. Von Marion Kaulitz.

Puppen in Schwarzwaldtracht. Von Marion Kaulitz.

I A 103   GERDA

I A 40   FRITZ

Aufsatz aus „Westermanns Monatshefte"
1925. Die Abbildungen auf den Rand-
spalten aus dem Katalog von 1926/27

Familie Kruse: Max in der Mitte, Käthe zu seiner Rechten

Aus den Kinderjahren meiner Puppenwerkstatt
Eine Weihnachtsplauderei von Käthe Kruse

Das müßt ihr nicht denken, daß es l e i c h t gewesen ist, plötzlich eine Puppen-Werk-stätte erstehen zu lassen — o nein, das war sehr schwierig und zuweilen auch sehr komisch. Und da ihr mich schon so oft danach gefragt habt, so will ich ein wenig davon erzählen.

Wem Gott ein Amt gibt, dem gibt er auch Verstand. Aber mir hatte er das Amt n i c h t gegeben. Und es steht außer Frage, daß er sich bei meiner Erschaffung etwas ganz andres ge-dacht hat, so zwischen Kunst und Clown etwa (der bekanntlich immer schwermütig ist), aber keinesfalls einen Menschen, der einmal Respekts-person in einem eignen Unternehmen spielen muß. Nein, lieber Gott, das machst du mir nicht weis, daß du dir das gedacht hast! Und daß du mir den Verstand auch unterschlagen hast, darüber sind sich die Sachverständigen längst einig.

Daß es trotzdem gegangen ist, ohne Gaben von oben und ohne Kaufmannsverstand, das erklärt sich, glaub' ich, mit einem andern Weis-heitsspruch, der mich fest und süß umhüllt: »Den Seinen gibt's der Herrgott im Schlaf.« Ich habe unbändig viel Glück gehabt im Leben.

Erstens, daß ich die Frau meines Mannes wurde. — Bitte: nur e i n e r Frau auf der ganzen Welt konnte dies Glück zuteil werden,

und sie mußte auch noch gerade in seine Lebens-zeit hineingeboren werden, denn sonst ging's ja gar nicht. Ich hätte beinahe den Anschluß ver-paßt, denn ich kam auf die Welt, als er schon seine ersten grauen Haare kriegte, also beinahe zu spät — wie mir überhaupt a l l e Lokomo-tiven und Trambahnen zunächst mal vor der Nase wegfahren. Aber schließlich komme ich doch immer noch zum Ziel, und meinen Mann habe ich auch noch erreicht.

Alles andre ergab sich dann zwangsläufig von selbst.

Zunächst unsre süßen und schönen Kinder. Denn wenn man einen Bildhauer heiratet, der noch dazu selbst ein schöner Mann ist, so kriegt man eben schöne Kinder, seht ihr wohl! Zwei-tens die Tatsache, daß sie Puppen haben woll-ten, wie andre Kinder auch. Drittens die Ab-lehnung der vorhandenen Industrieerzeugnisse seitens des denkenden und empfindenden Künst-ler-Vaters: »Ick kann mir nich denken, daß man mit einem harten, kalten und steifen Dings mütterliche Instinkte befriedigen kann. Ick koof euch keine Puppen, ick find' sie scheußlich. Macht euch selber welche.« Viertens — nun, die Not-wendigkeit eigner Schöpfung.

Die war freilich zunächst danach!

Unzerbrechlich mußt' sie sein, das war klar.

I A 47   GÄNSELIESEL

Und so viel nähen konnt' man am Ende. Und wie sich solche kleine Form anfühlt, solch eine Wade, ein Schenkelchen, ein loderes Ärmchen, das hatte man, lebendig, ja immer vor sich. Und wie rund, weich und voll sich solch ein Köpfchen anfaßt, das konnte man auch noch nachahmen. Aber die Nasen! Ach Gott! »Daß du die Nase ins Gesicht behältst!« höhnte der Künstler-Vater, wenn er begutachtend solch eine neue Schöpfung in der Hand hielt. Aber endlich gelang es auch noch, dieses Problems Herr (oder Frau) zu werden.

Da war das Kindlein nun geboren. Noch nicht so schön und glatt wie heute, aber unsern Sprößlingen zur Seligkeit. Und damit hatte es seinen Zweck eigentlich erfüllt. Aber als es dann öffentlich gesehen und »gewünscht« wurde und in die Welt hinausgehen sollte, da kam eben jenes Stadium, das ich Kinderkrankheiten der Werkstätte nennen möchte und wovon ich hier erzählen will.

Also da wurde in Berlin im Herbst des Jahres 1910 eine Ausstellung vorbereitet: »Spielzeug aus eigner Hand«, bei Hermann Tietz in der Leipziger Straße. Und dem Veranstalter wurde bedeutet, daß er dazu vor allem die Puppen meiner Kinder

Käthe Kruse aus der Zeit dieser Plauderei (1910)

haben müsse. So wandte man sich an mich.

Mein Mimerle erfreute sich damals gerade eines »Benjamins«; der hatte einen Körper ähnlich wie ein Korkzieher, denn ich hatte den Schnitt über dem kleinen Johannes von Verrocchio gemacht, und der war beim Stopfen ein bißchen auseinandergeraten. Und Fifi trug sich mit einem Kinde namens Oskar, das ich einmal nicht mit Watte gestopft, sondern mit Sägespänen gefüllt hatte, in der Hoffnung, daß dabei die Schnittform leichter zu bewahren sei als beim festen Stopfen mit Watte. Aber als die Sägespäne knochentrocken waren, suchten sie den Weg ins Freie durch alle Ritzen und Fugen, und die

Folge war, daß Oskar sich unmöglich benahm. Wo immer er weilte, hinterließ er Spuren seines Daseins in Form von kleinen Sägemehlhäufchen, wie vom Holzwurm. Die Umwelt nahm daran Anstoß. Man fand Oskar unanständig. Vergebens beteuerte Fifi-Mutter unter Tränen, daß er doch nichts dafür könne, vergebens suchte sie mit Wischtuch und Handfeger seine Untaten vor unsern Blicken zu verbergen — es blieb dabei: Oskar war nicht salonfähig. Und eines Tags stellte der Vater seine Tochter denn auch wirklich klipp und klar vor die Zwiewahl: »Er oder ich. Einer von uns beiden ist zuviel auf der Welt.«

Da hat Fifine schluchzend, aber einsichtig ihr erstes Liebesopfer gebracht. Aber Mutter hatte schon ein neues Kind fertig, und das hieß gerade diesem grausamen und geliebten Vater zu Ehren »Max«. So hab' ich meine Töchter zum Leben erzogen.

Aber damals, als die Ausstellung auftauchte, da waren die Puppen meiner Kinder nicht schön genug. Da mußt' ich flugs Kopien machen. Ach, und immer noch wollten die Nasen nicht stehen. Verzweifelt schilderte ich meine Nöte dem großen Protektor. Da rührte es ihn, und er stieg vom Thron seiner großen Kunst einmal herab und ward kleiner, und gemeinsam haben wir dann auch dieses Problem noch gelöst: die Nasen, die Ohren und die weich-dummen Mäulchen »standen«.

Und die Puppen standen auf der Ausstellung. Und es wurde ein großer Erfolg, und ich über Nacht, im Schlaf eine berühmte Frau.

Ach, war ich verblüfft! Ich sollte plötzlich »das Ei des Kolumbus« gelegt haben und ähnliche Sachen. Eine ganze Anzahl sehr liebenswürdiger (und sehr fürnehmer) Damen bemühte sich über drei Stiegen in unsre Wohnung ohne Aufzug, um mich zu bitten, ob ich nicht so

I D 98   GRÜNKÄPPCHEN

I D 106   ILSE

I D 30   HERMANN

I D 88   MINKA

I D 28   PETER

liebenswürdig sein wollte usw. Ich war ganz vertattert von all der Ehre, und mein Mann sah mich über den Zwicker hinweg an und sagte ahnungsvoll: »Mensch, ick gloobe, du hast mehr Glück wie Verstand.« Womit er den Nagel auf den Kopf traf.

Aber nun kamen auch, aufgestört durch die Zeitungshymnen, die Puppenhändler, die Detaillisten und die Grossisten und endlich, mit Stielaugen, die Puppenfabrikanten!

Aus allen deutschen Gauen kamen sie und guckten. Und horchten und fragten: »Was ist das für ein Ding von einer Puppe, wovon so viel Geschrei gemacht wird?« — »Wie ist das gemacht?« — »Kann man das auch machen? Oder ist das patentiert?« — »Wer macht's denn? Man muß sich die Leute mal ansehen!«

So kamen sie und guckten und dachten: Das? Ohne Perücke? Ohne Schlafaugen? Und ohne Kugelgelenke? Kann ja den Kopf nicht drehen! Kann ja die Arme nicht stellen! Das soll was sein?

Aber da sie alle nach Berlin kamen und das alle voneinander wußten, so mußte man sich wohl näher damit beschäftigen. Denn wenn es etwa einer »aufnehmen« würde, dann mußte man sehen, daß man nicht ins Hintertreffen geriet. Die »Neuheit« ist nun mal das Glück, dem die Industrie nachjagt. Merkwürdigerweise aber wird ein wirkliches »Neu« von den Fachleuten immer erst dann erkannt, wenn die Jagd schon im Gange ist. Sie jagen ihm aus Konkurrenzneid nach, nicht aus Finderfreude.

Die Herren mögen mir verzeihen! Es sind liebenswürdige Menschen unter ihnen. Aber diejenigen Firmen, die n i c h t versucht haben bis auf den heutigen Tag, die Käthe-Kruse-Puppe irgendwie nachzumachen — wo sind sie, daß ich ihnen freundschaftlich die Hand geben könnte?

Damals also kamen sie zu uns in meines Mannes Atelier. Zaghaft klopfte ich bei ihm.

Er arbeitete gerade an einem Bismarck-Entwurf für Bingen. »Herzblatt, es ist schon wieder einer da.« Da fluchte er, ließ sie zappeln, legte aber nach einer Weile die Werkzeuge doch weg und setzte sich zu uns, d. h. zu dem jeweiligen »ihm« und mir, die wir schon in Verhandlungen waren.

Da bekamen wir denn vor allem Ratschläge, daß wir, damit »das Publikum die Puppe auch kaufe«, doch einige erhebliche Änderungen machen müßten. Denn so sei das ja noch nichts mit der »Gäde-Gruse-Bubbe«. Da müßte nun erst der Fachmann herzu. Und woraus und wie sie gemacht sei? Denn das müsse man doch wissen, um kalkulieren zu können. Alles Handarbeit? Faul! Sehr teuer, und man ist von dem guten Willen der Leute abhängig. Maschinenarbeit müsse es werden. Ein Stück wie das andre. Und ein bißchen größer als jetzt, damit es mehr vorstellt. Denn die Amerikaner kaufen mit dem Bandmaß ein, und wer für das Geld die längste Puppe liefere, der mache das Geschäft. Richtige Proportionen? Ja, sehr hübsch, aber das kalkuliert sich schlecht. Und Haltbarkeit? Ach, Puppen sollen gar nicht lange halten, das Publikum soll Neues kaufen.

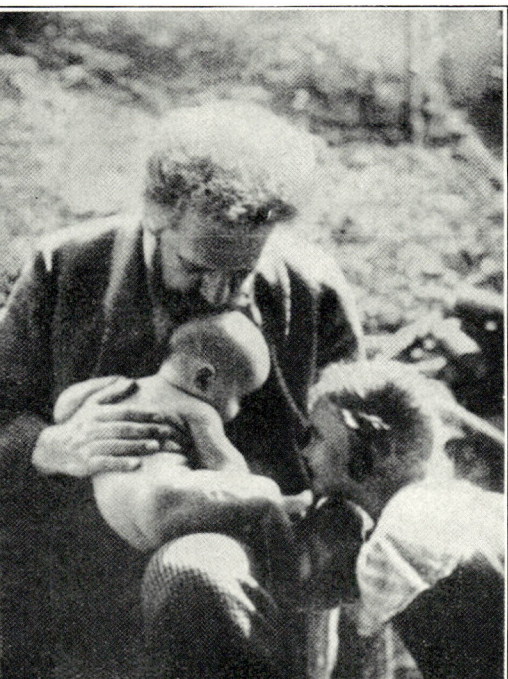

Max Kruse mit dem Puppenmodell »Hannerle«

Wenn es bis dahin gekommen war, sagte mein Mann »Na, adjö!« und ging wieder zu Bismarck. Der verdutzte Besuch empfahl mir dann, seine Ratschläge zu bedenken und ihm »eventuell näherzutreten«, womit er sich entfernte.

Aber ein erfahrener alter Spielwarenhändler aus Berlin, der auch gekommen war, der dann meine allerersten Selfmade-Puppen bekommen hat und der noch heute mein Freund ist, der sagte uns: »Sie müssen mit einem der Herren einen Fabrikationsvertrag schließen, damit die Puppe nun schnell im großen Stil auf den Markt gebracht wird. Sonst machen alle was Ähnliches, ehe Sie selbst damit herauskommen, und

Die Puppen von der Ausstellung 1910: »Spielzeug aus eigner Hand«

Sie haben das Nachsehen.« Da haben wir mit dem zuverlässigsten und' freundlichsten von ihnen einen Vertrag gemacht.

Dann haben wir den Werkführer dieser Fabrik und zwei ihrer besten Arbeiterinnen drei Wochen lang zu Besuch gehabt. Das war die Zeit, wo ich um meinen Mann immer einen kleinen vorsichtigen Bogen machte und jeden seiner Wünsche vorzuahnen versuchte.

Herr ... — ich glaube, er hieß Knauer — versuchte im Atelier, wirklich angstschwitzend, die Technik des Köpfe=Machens zu erlernen. Und ich versuchte oben in unserm Eßzimmer den Arbeiterinnen das »Mit=Liebe=Nähen=und=Stopfen« der geliebten kleinen Formen beizubringen. Die guckten und horchten zu, und es wurde ihnen klar, daß ich ein bißchen verrückt sein müsse. Warum nur der »Herr Gommerzienrat« auf so was verfiele! Wo doch das »Charakter=baby« so gut ging! Ach, die Kisten voll, die wir voriges Jahr verschickt haben! Nee, nee. Ganze Waggons! — Da sieht man doch, daß man was schafft. Und das dagegen — uch!

Sie lehnten mich ab. Ich fiel durch. Und nachdem sie einmal in der Stadt gewesen waren und »ihren Hans« und »ihre Grete« bei Matthes im Fenster gesehen hatten, bekamen sie Sehnsucht nach der heimatlichen Papiermaché=Fabrikation und übten passiven Widerstand. Ich befand mich ja damals noch in dem sehr peinlichen Zustand, daß alle Dienstboten und Arbeiterinnen immer viel älter waren als ich.

»Nu, was macht 'r denn?« fragte Herr Knauer. »Nu baßt nur hibsch uff und lernt scheen. Was soll 'n sonst d'r Herr Gommerzienrat von euch tenken!«

Aber das half nicht viel. Mit diesem »Wider-

Pferdemusterung (um 1920)

II C 24 u. II C 25   STINE und STOFFEL

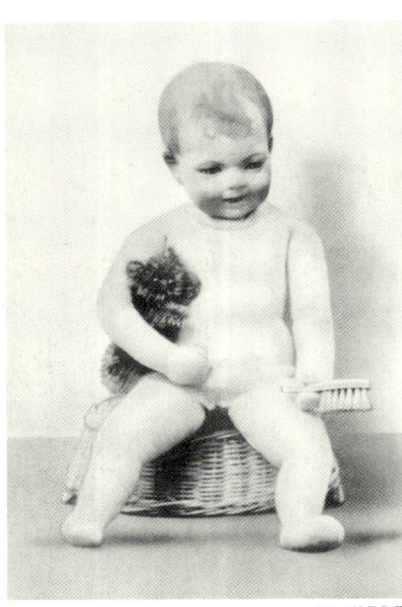

II   NACKEDE

HERBSTMANTEL   FRÜHJAHRSMANTEL

stand des Materialismus« hab' ich später noch viel zu tun bekommen. Es ist der charakteristischste und bitterste Kampf, der gegen die Bequemlichkeit.

Endlich reisten die Herrschaften ab, und die Fabrikation begann. Man schickte uns die Puppen zur Begutachtung. Ach Gott, sie waren gar nicht schön! Was war nur? Man verwendete nun gefärbten Stoff, aber der war zu rosa — brr, blaurosa! Der Körper wurde so schrecklich breit, wirklich ein bißchen wie eine aufgepumpte Flunder. Und die Beine! Mit Kapof gestopft, wie Luftkissen! Und der Kopf! Was machten sie bloß? Er wurde so schmal. Und so gräßlich semmelblond, und dazu die knallblonden Augen und der lange dünne Hals. Dabei alles so sauber gearbeitet, wie ich's nicht konnte.

Da schrieb ich lange mühevolle Briefe. Erklärte, bat, redete gut zu, man möge die Geduld nicht verlieren und es — besser zu machen versuchen.

Käthe-Kruse-Puppen (1923)

Der arme »Herr Gommerzienrat« in seinem fleißigen Kontor las sie — und las die andern, die von seinen Kunden: »Um Gottes willen, was haben Sie sich denn da aufgeladen? — Wie soll man denn die Puppe hinstellen, daß sie nach was aussieht? — Der kann man ja den Kopf nicht mal drehen! Und wenigstens Knie- und ein Schultergelenk müssen Sie ihr doch einsetzen! — Und dann Perücke! So wie sie da ist, die berühmte Käthe-Kruse-Puppe: nee! — nich in die Hand!«

Der arme Herr Kommerzienrat saß zwischen diesen Briefen von links und von rechts. Er kriegte eine große Abneigung gegen die »Gäde-Gruse-Bubbe« und war bereit, mir Urheber- und Fabrikationsrecht und was ich sonst noch haben wollte, alles, alles zurückzugeben, um nur seine Ruhe wiederzufinden.

Darüber war es Ende September 1911 geworden. Und damit traten die »Kinderkrankheiten« in die Krise. Denn die Spielwarenhändler, müßt ihr wissen, bestellten erst im letzten Moment, als die Nachfrage nach den neuen Käthe-Kruse-Puppen einsetzte, eben erst jetzt, im Spätherbst. Und mein Fabrikfreund hatte sich, mit Rückgabe des Herstellungsrechtes, bereit erklärt, »etwa noch

Käthe-Kruse-Puppen (1923)

eintreffende Aufträge gegen eine kleine Provision an mich weiterzuleiten«.

Einen Tag nachdem ich meine Formen und Schnitte wiederhatte, bestellte ein großes amerikanisches Geschäft per Kabel 150 Käthe=Kruse= Puppen! Lieferbar an Bord Bremen per 5. November.

Da bekam ich bei allem Stolz einen furchtbaren Schreck. Ahnt ein Mensch, was das heißt: als harm= und ahnungs= lose Privatfrau, Mutter von vier kleinen Kindern, plötzlich vor der Aufgabe zu stehen, 150 Puppen »liefern« zu sol= len? Denn liefern muß man sie am Ende, nachdem die Dinge sich einmal so entwickelt haben und man selber nicht mehr zurück will. Aber nichts, nichts dazu vorhanden als die eignen Hände und der Wille. Kein Material, keine Erfah= rung! Keine Hilfskräfte, kei= nen Raum, kein Garnichts!

Ich warf mich mit Hecht= sprung hinein. Als mein Herr Gemahl aus Hiddensöe zurückkam, fand er be= reits das Chaos in unsrer Wohnung. Kein Stuhl, kein Tisch, kein Sofa oder Fensterbrett frei, überall: Puppenbeine, Puppenarme, Pup= penkörper, Puppenschnitte. Gehäkelte, gestrickte, zugeschnittene Puppenkleidungsstücke, zurecht= gelegte, sortierte, ausrangierte, abgezählte, noch nicht durchgesehene, zu verbessernde Puppen=, Puppen=, Puppen=Sachen! Dazwischen Heim= arbeiterinnen, die kamen oder brachten, Arbeit= suchende, Lieferanten, und der Fernsprecher — immerzu!

Wenn Max abends todmüde aus dem Atelier heraufkam, dann kippte er sich einen Stuhl frei und sah mir zu, denn ich kannte natürlich in jenen Wochen keinen Feierabend. Und ich prä= parierte dann meine Seele auf die schwerste Aufgabe, die es täglich zu lösen galt: diesen müden freundlichen Mann nach dem Abendbrot dazu zu bewegen, mir doch noch einen oder, wenn es geht, noch zwei Köpfe auszumodellieren. Mit diesem Wunsch immer wieder herauszukom= men, das war schwer!

Mein Geliebter schimpfte. Er ließ kein gutes Haar an mir. Ob ich das wohl Liebe nennte? Ich widersprach mit keinem Mucks, ich holte For= men und Masse herbei, legte alles stumm flehend vor ihn hin, brachte Weintrauben und Keks, und während er die zauberhaften Betrachtungen über die Schlechtigkeit der Welt im allgemeinen

Käthe=Kruse=Puppe »Biball«

und die meine im besonderen weiter ausspann, arbeitete die geliebte breite Pfote schon in der Form herum, und meine zwei Köpfe wurden fertig. »Aber nun bleib du nicht wieder noch ewig sitzen! Hörst du?«

»I Gott bewahre, Herz= blatt, ich komm' gleich!«

»Jawoll! Dein Gleich ist mein Lange.« Aber er ging.

Und ich dann schnell an seinen Schreibtisch, die ein= gelaufenen Briefe zu beant= worten, die Aufträge zu no= tieren, Paketadressen vorzu= schreiben und die Rechnungen zu schreiben! Denn dazu, sich etwa eine Buchhaltungshilfe zu nehmen, hat ein so junges kleines Geschäft keinen Mut. Außerdem macht mir alles, was ich noch nicht kann, Spaß. Aber Rechnungen schreiben würd' ich nie lernen. Immer kommt was andres 'raus.

Nebenan, neben Vaterchen, schlief Michel, meine Wonne. Neun Monate alt. Gegen eins war er gewöhnt, nochmals zu trinken. Beim ersten Suchtönchen schlich ich mich neben ihn, ließ ihn sich satt säufeln und schlich balancierend wieder hinaus. Ach, wenn nun eine Diele knackte und Vaterchen munter wurde! Dann war's aus. Und ich hatte die Arbeiten für mor= gen früh noch nicht zurechtgelegt, und um halb acht kamen schon die beiden Näherinnen.

Ja, da war ich schon fleißig. Und selig! Aber schwer war's!

Und immer wieder die 150 Amerikaner! In einer Ecke stand eine große Kiste. Darin sam= melte ich für Amerika. Aber dann kam ein lie= benswürdiges deutsches Geschäft und bat um drei oder vier oder sechs, und ich kann nicht abschreiben! Da wurden sie den Amerikanerinnen weggenommen. Schließlich wurden die 150 mit Ach und Krach und Not und Müh' doch zu= sammengeklaubt und =geschabt, und ich hatte das peinliche Gefühl, daß sie sehr »ausgesucht« und durchaus nicht sehr schön waren. So pußelte und retuschierte ich immer wieder dran herum, und sie hätten sicher alle Züge und Schiffe ver= paßt, wenn nicht eben mein Mann gesagt hätte: »So, nu Schluß! Nu schickst du die Dinger weg!«

Da wurden sie bange in 150 Kartons ein= gebunden, und immer wieder wurde probiert, ob auch fest genug. Für die lange Reise, denk' bloß, wenn so ein Band aufgeht! »Mensch, du bist verrückt!« sagte mein Mann.

VII A 10   LOTTCHEN

VII B 7   USCHI

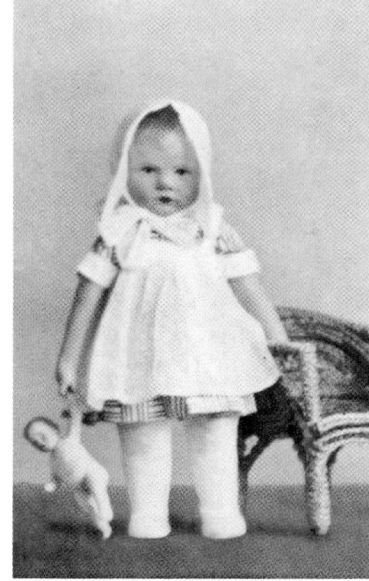

VII B 3   CLÄRE

VII A 12 WENZEL UND LENCHEN VII A 1

VII A 4 DIETRICH

VII B 9 RENI

Der Tiſchler hatte eine Kiſte aus=
gemeſſen, die größer war als ich. Ich
ſtieg in ſie hinein, um ſie mit Ölpapier
auszulegen, und konnte nicht über den
Rand wegſehen. Endlich waren die
150 Kartons drin. Der Rollfuhrmann
erbot ſich, ſie zuzunageln. Es war nun
wirklich letzter Augenblick für Eilfracht
nach Bremen. »Nu geh bloß 'rauf und
leg' dich 'n biſſel hin,« ſagte mein
Mann. Das tat ich denn auch, denn
es war ein ſchweres Stück Arbeit ge=
weſen.

Da —! Bumbum — bum — bum —
bumbumbumbum! Das Haus bebte,
die Fenſter klirrten. Ich ahnungsvoll
hinaus, übers Treppengeländer geguckt.
Da ſaß neben der Ateliertür, auf der
dritten Stufe von oben etwa, der Roll=
fuhrmann und ſtarrte auf die Kiſte,
die ſiebzehn Steinſtufen tiefer gelandet
war. »Na, ſo wat is mich doch in
mein ganzet Leben noch nich vor=
gekommen! Schießt det Aas koppheiſter
über mein' Kopp weg! Ick hab' ge=
dacht, det Ding is viel ſchwerer. Un
wie ick biſſel anheb', gleich koppüber! —
Na, wart' ock, Luder, dir wer ick krie=
gen! Du machſt mir det nich nochmal!«
Damit war er ihr nachgeſtiegen und

Käthe=Kruſe=Puppenſtuben=Puppen

buckelte ſie ſich auf dem zweiten Abſatz
auf. — Weiß und ſcheinheilig ſchwebte
ſie zum Haustor hinaus, von allen Haus=
bewohnern beſtaunt. Ich wollte ihr nach.
Nachſehen, ob die Kartonbänder nun
gleich alle zerriſſen, die Köpfe alle be=
ſchabt ſeien. Aber es war zu ſpät dazu.
Meine erſten Amerikaner fuhren ab.

Das dicke Ende kam nach. Drei Wochen
ſpäter hatte mein Mimerle Geburtstag.
Neun Jahre! Sie durfte ſich von den
gerade fertigen Puppen eine recht ſchöne
ſelbſt ausſuchen und tat es mit viel Liebe
und Kritik. Die Erwählte hatte blonde
Härchen und blaue Augen und hieß
Evchen.

Sogleich war Tauffeſt. Fifi wurde
feierlich als Taufpatin angeſtellt, Evchen
aufs Sofakiſſen herrlich gebettet, mit
Crepe=de=chine=Schal bedeckt, und Mimel
läutete Glocken mit der Gitarre und
hielt die Taufrede, vorn und hinten eine
Küchenſchürze umgebunden. Für hernach
hatte ich Schokolade bewilligt.

Die Kinder waren verſorgt. Michel
ſchlief, mein Mann war aus. Hannerle
wurde ſpazierengeführt. Es war Sonn=
tag, keine Arbeiterin da. Ich legte mich,
erſchöpft wie ich allmählich war, auf
Vaterchens Ruhebett zu einem kleinen

Käthe=Kruſe=Puppenſtuben=Puppen

Niderchen nieder. Wie lange, weiß ich nicht mehr. Aber plötzlich näherte sich Mimerls erstauntes und entrüstetes Stimmchen. Begleitet von Fifine, kommt sie zu mir. »Mutti, sieh bloß, was is bloß das? Die Evchen hat mit Schokolade getrunken, und dabei hat sie sich — bloß 'n bißchen, weißt du — schmutzig gemacht, und da hab' ich sie gewaschen, und da sind ihr — sieh bloß — die ganzen Augen abgegangen —«

Über Evchens Wangen lief blaue Soße — Augen waren nicht mehr zu sehen. Meine Puppen! Von deren »Abwaschbarkeit« des Rühmens nicht genug gemacht werden konnte!

Ich wankte ans Telephon, den Maler anzurufen. »Lieber Beyer!« So und so. »Wie können Sie mir das erklären?«

»I den Deibel auch! Nu so was! Ach, ich bin ja außer mir. Nee, nee! Und so was muß mir passieren, das hätt' ich nicht für möglich gehalten. Nein, wie gräßlich!«

»Ja, aber, lieber Beyer, wie kann das gekommen sein?«

»Ach, da hab' ich neulich keine Ölfarbe mehr gehabt. Das ist immer so umständlich bis nach Berlin rein. Tempera hatt' ich im Hause. Da dacht' ich: Ach, es kommt ja Firnis drüber, da muß sie ja halten. Nee, nee, und nun hält sie nicht. Ach, ich bin ja untröstlich, gnä' Frau.«

»Haben Sie noch viele solche dort, Beyer?«

Darauf er tröstend: »Nein, nein, jetzt mach' ich's ja nicht mehr. — Die werden wohl meist alle nach Amerika gegangen sein.«

Da legte ich den Hörer weg und wünschte mir nichts mehr als ein rasches Ende.

So fand mich mein Mann, der eben durch die Todesnachricht unsers alten Freundes Friedrich Dernburg erschüttert war, und wir saßen beide diesen Nachmittag lebensmüde, todestraurig beieinander.

Das war der Krisentag meiner Puppenwerkstatt gewesen. Solche Schrecke und Erschütterungen hat sie nicht mehr durchzumachen brauchen. (Dafür andre, andre!) Ich habe nur noch mit Bangen an jene Amerikasendung gedacht.

Da kam eines Tags, im nächsten Sommer, ein Herr zu mir und stellte sich als der Einkäufer jenes amerikanischen Hauses vor. »Ach Gott,« sagte ich erschüttert, »bitte, seien Sie nicht mehr böse. Ich will Ihnen gern die ganze Sendung noch mal machen.«

Da lachte er und meinte, daß ich ja ein fabelhafter Kaufmann sei. Und er hätte wohl ein bißchen räsonieren wollen, aber da ich solch ein Gewissenswurm sei, müsse er mich wohl gar trösten. Also so schlimm sei's gar nicht gewesen. Solche Erfahrungen müsse jedes neue Unternehmen machen, das seien die Kinderkrankheiten des Betriebes, sozusagen. Er hätte nur einmal sehen wollen, wie es dem Patienten jetzt gehe, und wenn er sich leidlich befände, hätte er einen schönen Auftrag für ihn.

Das war menschenfreundlich, gelt?

Und Freundlichkeit, die ist mir, neben Glück, auch sonst viel begegnet. Es gibt noch eine Menge davon in der Welt. Auch noch unter den deutschen Spielwarenhändlern. Das muß ich ihnen nachsagen. Ob aber dieser älteren, freundlichen Generation noch Nachwuchs folgen wird? Der heutige Kaufmannstyp ist so glatt und kalt. —

Nun, mag's kommen, wie's will. Heut wollen wir uns noch freuen an dem, was noch Hübsches da ist. Und mit Herz und Humor arbeiten. Und über alle Fährnisse später einmal nur noch lachen dürfen, so wie ich über die »Kinderkrankheiten« meiner Werkstätte.

Tut ihr mit?

Der Katalog 1926/27 ist fast ein Buch; sehr ausführlich und liebevoll arrangiert

PUPPE I

Alle diese Puppen sind 43 cm hoch. Sie sind ganz aus wasserdichtem Nessel gefertigt - mit Wasser und milder Seife zu waschen, ohne aber zu reiben. Sie werden in meiner Werkstätte unter meiner ständigen persönlichen Leitung hergestellt, und jede Puppe trägt meinen Namenszug und laufende Nummer auf der linken Fußsohle. Sie sind weich, warm und dauerhaft, und ihr Sinn ist: Erziehung zur Mütterlichkeit

Käthe Kruse

DIE REPARATURWERKSTÄTTE DER KÄTHE KRUSE-PUPPEN IN BAD KÖSEN AN DER SAALE IST DAS GANZE JAHR GEÖFFNET

I A 55 — KATHL

I A 33 — MÄNNE

I A 38 — HANS

I A 117 — CILLY

I B 29   FRIEDERIKE
mit Puppe Bambino

I B 85   INGE

I B 74   MATTEN

I B 93   LORCHEN

I B 42   SEPPL

I B 66   TOM

I B 110   FIFI

I B 54   KLAUS

I B 119 und I B 120   BENNI und GRETEL

I C 126 und I C 123   HEDI und OTTO
mit Puppe Bambino

I B 94   EDITH

I B 56   TRUDILA

I C 52   URSEL

I C 15   BÄRBEL

I C 70 ANNEMIRL

I C 57 PUMPERNELLA

I C 32 und I C 31 ANNCHEN und MAX

I C 87 MIEZE

I C 72 PEPI

I C 65 JOCKERLE

I C 48 FRIEDEL

I C 99 PITT

I C 73 KATHRINCHEN

I C 64 CHRISTINCHEN

I D 125 GRAZIELLA

I D 124 ELLINOR

I C 68 ERNA

I C 62 ROBERT

I D 121 BIANCHINA

I D 122 ESTHER

I D 129 TERESIN

PUPPE II

DAS SCHLENKERCHEN

ist 33 cm groß. Es wendet sich noch bewußter als Puppe I an das Gefühl des Kindes, dem es durch die schmiegsame Weichheit und Lockerkeit der Gliederchen die Empfindung erweckt, ein wirkliches, lebendiges Kind im Arm zu haben, eine Wirkung, die mit harten, kalten und steifen Puppen nicht zu erzielen ist. Die Glieder von Schlenkerchen sind biegsam, jedoch nur da, wo der Mensch biegsam ist, das Händchen kann etwas festhalten und bietet damit ganz neue Spielmöglichkeiten. Seiner Leichtigkeit wegen eignet sich Schlenkerchen auch für noch kleine Kinder; denn es ist weich und widerstandsfähig und kann das Kind nicht verletzen — Die Herstellungsweise dieser Puppe ist künstlerische Handarbeit und eine neue Technik. D. R. P. und U. St. L. P. Das Stoffköpfchen ist mit Wasser und milder Seife zu waschen, wobei nicht gerieben werden soll. Die Konstruktion ist dauerhaft. Auch scheinbar ganz unansehnlich gewordene und verschmutzte Puppen sind von uns leicht wieder wie neu herzustellen, worauf wir ganz besonders hinweisen. — Schlenkerchen ist nach meinem jüngsten Söhnchen entstanden, in dem Wunsche, den Puppenmüttern einen Abglanz des Glückes zu erwecken, das mich erfüllte. — Jede Puppe trägt meinen Namenszug auf der linken Fußsohle und die nebenstehende Schutzmarke am Handgelenk.

II C 17   WICKELBABY, IM KÖRBCHEN

II C 14   SCHORSCH   II C 4   DETA IM LAUFKLEIDCHEN   II C 20   ALARICH

II B 18   HELGA   II B 3   GRETEL-PASTETEL   II B 8   ERICH   II 1b, HOSENMATZ   II 1a, HEMDMATZ

II A 22   WALTRAUT   II D 22a   WALTRAUT IM MANTEL   II B 19   RAPUNZEL   II A 1   MAXL

II C 26, PETERLEIN   II D 16, PUCK   II D 22a, WALTRAUT IM MANTEL

II C 13   HASELE

II C 21   KASIMIR

II C 15   STEFFI

VII 1b, HOSENMATZ   VII 1a, HEMDMATZ

DIE „KLEINE" KÄTHE KRUSE
35 cm hoch

ist in der gleichen Art wie Puppe I, aus imprägniertem Nessel hergestellt. Das wie bei allen Käthe Kruse-Puppen aus Stoff hergestellte Köpfchen ist ebenfalls wie alle anderen mit Wasser und milder Seife zu waschen, wobei Reiben zu vermeiden ist. — Diese Puppe entspricht einem oft geäußerten Wunsche nach einer kleineren billigeren Käthe Kruse-Puppe, die alle Vorzüge der bekannten ersten Puppe in sich vereinigt.

VII A 1, LENCHEN   VII B 11, BABU   VII B 8, CHRISTEL   VII A 2, LISSY

VII B 5, EVELIN   VII A 6, HARRO

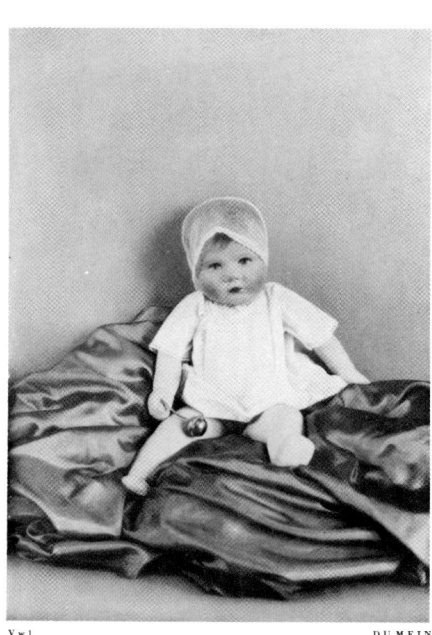

V w 1   DU MEIN

PUPPE V, wach
(d. h. mit offenen Augen)

DU MEIN

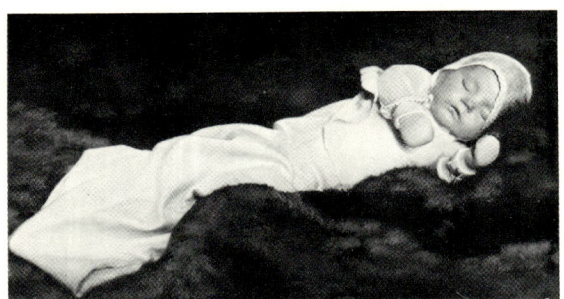

V s A   TRÄUMERCHEN

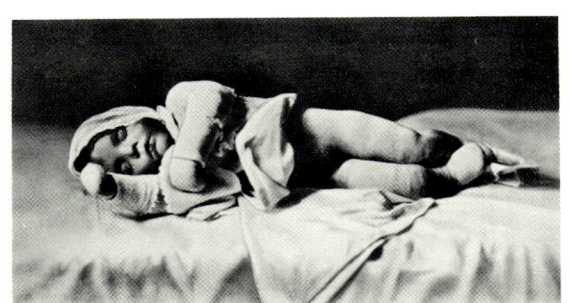

V s A   TRÄUMERCHEN

PUPPE V

„DAS TRÄUMERCHEN" (52 cm hoch)

Diese Puppe ist in der Art des „Schlenkerchen" hergestellt, D.R.P. und U.St.L.P. Auf ein aus biegsamen und festen Teilen bestehendes Gestell (gewissermaßen das Skelett) werden mit Watte und Mullbinden die Fleischteile aufgewickelt, und das Ganze mit Trikot überzogen. Man erhält so einen weichen, warmen, lose beweglichen Körper, der der Natur außerordentlich nahekommt. Alle Teile sind beschwert, im richtigen Verhältnis zum Gewicht des Neugeborenen, im Ganzen wiegt Träumerchen fünf Pfund. Die schwer und locker hängenden Glieder, besonders der haltlose Kopf, rufen ohne weiteres die Illusion des schlummernden schutzbedürftigen Säuglings hervor, und die Lernende fühlt sich ganz unwillkürlich zu zarten, leisen Bewegungen, zum Stützen und Halten der schlaffen Gliederchen veranlaßt. Die Puppe gibt sich alles in allem als ein schlafendes Kind, fühlt sich auch ebenso an, und erweckt deshalb dieselben Gefühle wie ein solches. Sie ist somit ein ideales Lehrmittel, das des Umweges über Verstand und Vorstellungskraft nicht bedarf. Besonders realistischen Ansprüchen genügen Nabelchen und Afterloch zum Fiebermessen. Baden

kann man diese weiche Stoffpuppe allerdings nicht, denn Weichheit und Wasserdichtigkeit lassen sich nicht vereinigen. Wohl ließe sich ein Gummiüberzug anbringen, er würde sich aber kalt und unangenehm anfühlen und so die Illusion zerstören. Er wäre auch kostspielig und nicht dauernd haltbar. Doch scheint es wesentlicher, das Halten des weichen Körperchens zu erlernen (und das kann man auch in der leeren Badewanne), als zu beobachten, wie ein harter und steifer Gegenstand (wie etwa die bisherige Zelluloid-Lehrpuppe) sich im Wasser benimmt, was man auch an einem beschwerten Stück Holz studieren kann. Träumerchen ist aus bestem Material in gediegenster Arbeit dauerhaft konstruiert und jederzeit wieder zu reparieren. Der Trikotüberzug ist indanthren gefärbt, mit Brot zu reinigen, später ev. abzutrennen und zu waschen. Das mit Ölfarbe gemalte Gesichtchen ist abwaschbar. Unsere Reparaturwerkstätte ist das ganze Jahr geöffnet — Wie alle Käthe Kruse-Puppen ist Träumerchen nur mit Namenszug Käthe Kruse und laufender Nummer auf der linken Fußsohle echt, sowie mit Schutzmarke am Handgelenk.

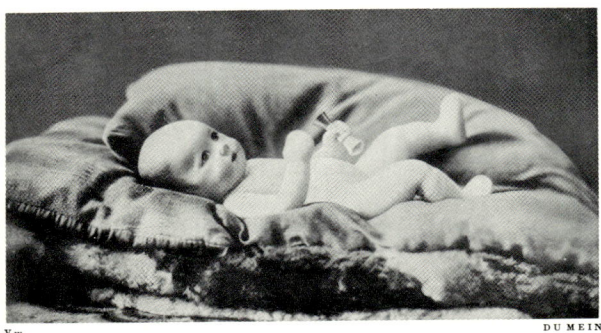

V w   DU MEIN
leicht als Spielpuppe, schwer als Lehrpuppe zu beziehen

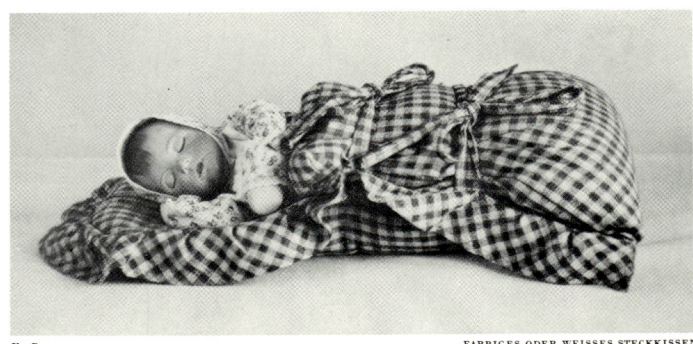

V s B   FARBIGES ODER WEISSES STECKKISSEN
für Du Mein oder Träumerchen

V w A   ROSA AUSGESTATTETES KÖRBCHEN
für Du Mein oder Träumerchen, S. S. 33

DIE REPARATURWERKSTÄTTE DER KÄTHE KRUSE-PUPPEN IN BAD KÖSEN
AN DER SAALE IST DAS GANZE JAHR GEÖFFNET

Die Puppe VIII

(52 cm groß)

Das deutsche
Kind
mit 4 neuen
Haartrachten:
„So ging
Mutter
als Kind!"

Frisieren! Zöpfchen-flechten Inbegriff des glücklichen - Mutter-Spielens. Mit diesen Puppen kann man es wirklich tun! Die echten, dauergewellten Haare dürfen aber nicht gebrannt werden! Man kann sie naß wickeln oder in Wasserwellen legen, wie bei uns.

Marianne
mit blonden, nach hinten gebundenen Scheitel Zöpfchen u. Locken. Als Hemdmatz . RM 37.00
Im Blaudruckkleid RM 42.00
Mit Batistschürzchen RM 43.00

Lenore
mittelblond, mit kleinem Hänge - Zöpfchen in den Locken. Als Hemdmatz RM 36.00
Im hellen Kleidchen RM 41.00
Seiden-Batistschürzchen mit Spitzeneinsatz dazu RM 1.50

Mignon
m. mittelblonden, im Nacken über-kreuz gebundenen Zöpfen Als Hemdmatz RM 37.00
Im Blaudruck-Kleidchen . RM 42.00
Hübsch paßt dazu das kleine Schürzchen von Marianne RM 1.00

Mieze
mit starkem, blonden Zopf. Als Hemdmatz RM 37.00
Im lustigen rotkarierten Waschkleidchen RM 42.00
Rundes Falbelschürzchen dazu RM 1.25

Konstanze
mit dem dicken Mozart-Zopf. (Seitenansicht siehe unten, Bild 2). Als Hemdmatz . RM 39.00
Im rotweiß-gestreiften Kleidchen mit Spitzen - Besatz und Batistunterkleid RM 48.50

Almut
im entzückenden blumigen Seidencrepe-Kleidchen, mit weißem Hut aus Seidenstroh - Borte.
Als Hemdmatz RM 31.50
Gekleidet, ohne Hut RM 44.00
Mit Hut . . RM 46.50

Bettina
i. Blaudruck-Leinen-Kleidchen mit Silberknöpfchen RM 43.50
Als Hemdmatz 35.00

Christiane
mit rotem Band in dunklen Locken. Als Hemdmatz . . RM 33.50
Im roten Crepemarocain-Kleidchen m. Gitterstoff-Kragen . RM 43.50

Schürzchen — die große Mode! **Die beliebtesten Puppen führen sie vor:**

	Jordi goldblond	**Konstanze** (Siehe oberes Bild)	**Lili** hellblond m. Lockenband	**Marie-Luise** mit blondem Zopfkranz	**Anneli** hinten kurzgeschoren	**Ulrike** mit Scheitelschleifchen	**Ruth** mit langen dunklen Zöpfen
	a Als Hemdmatz RM 31.50	wie Jordi:	wie Jordi:	wie Jordi:	wie Jordi:	wie Jordi:	wie Jordi:
	b Im schlichten, hübschen Hauskleidchen RM 36.50	a . . RM 39.00	a . . . . RM 35.00	a . . . . RM 39.00	a . . . RM 33.50	a . . RM 35.00	a . . RM 36.50
		b . . RM 44.00	b . . . . RM 40.00	b . . . . RM 44.00	b . . . RM 38.50	b . . RM 40.00	b . . RM 41.50
	c Mit Schürzchen RM 37.75	c . . RM 45.25	c . . . . RM 41.25	c . . . . RM 45.25	c . . . RM 41.00	c . . RM 41.00	c . . RM 42.50

Kleine Gänseblumenkränzchen weiß, rosa oder rot je 50 Pfg.

Schürzchen allein lt. Abbildung: Falbelschürzchen RM 1.25; 3 verschiedene Sattelschürzen: kariert, gemustert und geblümt, je RM 1.25; rotes Seidencrepe-Schürzchen RM 0.90; rotes Latz - Schürzchen RM 1.00; weißes Latz - Schürzchen RM 1.00. Noch zwei andere Schürzchen siehe oben bei Marianne und Lenore.

Jubiläumskatalog 1936/37. Besonders beliebt ist das „Deutsche Kind" als Mädchen

Die Puppe I
(43 cm groß)

So fingen sie an, vor nun 25 Jahren: Ganz aus Stoff gefertigt, mit aufgenähtem Köpfchen, mit lose hängenden Ärmchen und mit nur gemalten Härchen, und sie kosteten in den Jahren 1911 bis 1915 als Hemdenmatzen RM 25.00. (Heute RM 16.50).

und I H,
dieselbe, mit echten Härchen.

Heute sind sie etwas schlanker geworden, aber ihre Eigenschaften haben sie alle behalten: die Haltbarkeit und die ernsthafte Treuherzigkeit. Beides erhält sie ewig-jung. Viele junge Mütter schicken nun ihre alte, geliebte Käthe-Kruse-Puppe zum Aufarbeiten für ihre eigenen Kinder!

Liesl I
im farbenfreudigen Dirndl-kleide. Kariertes Röckchen, bunte Schürze, grünes, hand-gestricktes Wolljäckchen und grüner Filzhut. Dazu braune Sandalen . . RM 29.50

Zum 25 jährigen Jubiläum:

Das Kind Dorothee

Eine neue Puppe I H mit nicht-aufgenähtem Köpfchen, sondern mit drehbarem Hälschen, das die ganze Lieblichkeit des Gesichtchens offenbart. (Siehe die 7 Kopfphotos.) Dorothee im lichtroten Waschkleid mit weißem Batistkrägelchen, mit weißen Schuhen und Strümpfchen, wie Abbildung, mit blonden Locken aus echtem, dauergewellten Haar, handgeknüpft . . . . . RM 38.50
Dorothee als Hemdmatz . . . . . . RM 33.00

Liesl I H
gekleidet wie links beschrieben, aber geschmückt mit einem festen, blonden Zopf. mit Pony-Härchen und zwei Schleifchen . . RM 43.00
Als Hemdmatz . RM 31.50

Matrosen - Mäntelchen
aus feinem Wollstoff, für alle Puppen I und I H passend, mit Anker am Arm. Preis . . . . . RM 8.00
Dazu Mütze vom Schnelldampfer Bremen RM 2.00

Helenchen I
im rosenblumigen Vistra-Kleidchen, rosa verputzt, mit weißem Seidenstrohhut . . . RM 27.00
Als Hemdmatz RM 16.50

I H   a   I   b   I   c

Kieler Matrosen-Anzüge aus klein-mustrigem weichen Stoff, für die Mädelchens mit Faltenrock, passend für die Puppen I und I H. a Mucke mit Locken, als Hemdmatz RM 27.50, gekleidet RM 40.00. b und c Malte und Mucke mit gemalten Härchen, als Hemdmatzen RM 16.50, gekleidet RM 28.50. Preise ohne Mützen. Schnelldampfer-Bremen-Mützen . . . . RM 2.00

Helenchen I H
mit einem Zöpfchen in den hintübergekämmten Locken, gekleidet wie Helenchen I RM 39.50
Als Hemdmatz RM 31,50

Liesl I H
von vorn gesehen, denn diese Haartracht steht ihr wirklich besonders niedlich. Preise siehe oben

Jubiläumskatalog 1936/37. Dorothee, die große Puppe I mit drehbarem Hals, feiert Premiere

Aus dem Katalog 1937/38:
Das Deutsche Kind
1 Das Mariannchen, 2 Philine, 3 Franzl,
4 Henni, 5 Veronika, 6 Lenore,
Drei neue Puppen I
7 Lucie I, 8 Susi I, 9 Maxl I
Die Puppe I H
10 Maxl I H, 11 Susi I H, 12 Lucie I H
Drei neue Puppen X
13 Martel, 14 Gundel, 15 Trudel
Drei neue Puppen XII H („Glückskinder")
16 Mieke, 17 Gert, 18 Lilo
Drei neue Puppen IX
19 Trudel IX, 20 Gundel IX, 21 Martel IX

158

mit echt
siehe B
with n
see pag

Aus dem Katalog 1949: 1 u. 2 Ulrich u. Ulrike, 3 Evchen, 4 Putzi, 5 Tinchen, 6 Regine, 7 Roselchen, 8 Pieter, 9 Emmily, 10 u. 11 Martin u. Monika, 14 Jürgen, 12 u. 13 Sven u. Ingrid, 15 Ännchen, 19 Puttchen, 20 Nandel, 21 Mizzi, 22 Klaus, 26 Rosa-Bertchen, 27 u. 28 Trudel-Tinchen u. Putzi-Trudel, 29 Mäcke-Pieter, 30 Jorinde-Evchen, 31 Jorinde-Emily, 32 u. 33 Mäcke-

Ulrich u. Berta-Ulrike, 34 Trudel-Reginchen,   38 Max-Martin, 41 Gisela Blümchen,   52 Lenore, 54 u. 55 Fred u. Roserie
36 u. 37 Lottekind und Hans-Jürgen,   50 u. 51 Friedebald u. Philine, 53 Annemarie,

DIE PUPPE IX, 35 cm groß, mit echten Härchen

112 **Hänschen-klein**   113 **Das Madamchen**   114 **Das Gänseliesel**   115 **Der Roderich**   116 **Die Gustel**   117 **Die Trudel**

DIE PUPPE VIII, 52 cm groß, mit echten Härchen

rechts:
Aus dem Katalog 1950

unten:
Aus dem Katalog 1951: Von nun an darf das
Hampelchen auch mit Scheibengelenken
fest stehen

136 **Friedebald im Sportdress**   137 **Philine im Schürzenkleid**   138 **Friedebald und** 139 **Annemarie in Salzburger Tracht**

Die kleinen Käthe Kruse Puppen 35 cm groß, mit drehbaren Köpfchen

Die Puppe X
mit gemalten Härchen

Die Puppe IX
mit echten Härchen, hell-, mittel- und dunkelblond

Die bekannte erste Käthe Kruse Puppe I. – und das Hampelchen XII
Beide 45 cm groß, mit aufgenähten Köpfchen, mit gemalten, oder mit echten Härchen

Die Puppe I
mit festen Hüftgelenken

Die Puppe XII hat natürlich-fallende, höher angenähte Beinchen
Die Puppe XII-I hat zu demselben babyhaften Köpfchen den festeren Körper der Puppe I

201 **Emmerich**, ein kleiner Gärtner, dessen hoch-
rendroter lange Hose und
spitze Felthut zu lustigem
Kontrast zu dem blau-
weiß gestreiften Hemd-
chen stehen.

202 **Effie**, sie trägt Zwil-
lingsschwester - im einen
Schürzchen und roten Hös-
chen, aus dem wie über der Hose
stehenden Kittel geschnitten ist, ist nach ihr
Kleidchen geartet, beide haben rot auf-
gesetzte Taschen und beide haben zwei blonde
Haare - erzählen Seitenscheitel und zu hoch-
gestreckte Zöpfchen.

203 **Lobo** und 204 **Bodo** sind ein moderne-
Zwillings-Pärchen. Aus dem bunt
sitzenden Kittel geschnitten ist, ist nach ihr
Kleidchen geartet, beide haben rot auf-
gesetzte Taschen und beide haben zwei blonde
Haare - erzählen Seitenscheitel und zu hoch-
gestreckte Zöpfchen.

205 **Das Annerle** trägt
ein weißes Blüschen über
einem rot gepunkten
Röckchen. Blonde Zöpf-
chen fallen über ihre
Schultern.

206 **Das Balsaminchen**
erscheint in einem duf-
tigen weißen Voilekleid-
chen, hellrubens verziert.
Ihr blonde, lockige Pony-
frisur wird von einem
ebensolchen Band vorder
Zöpfchen behaart.

208 **Erni** ist stolz auf die beach-
tenswert Kleidchen mit dem weißen Dirndlmuster, Damit das rote
Fähnlein dem nicht dessorrtliegt, wird
er mit einem weißen Schürzchen-
unterm Kinn gehalten.

209 **H Darling's** blonde Zöpfchen fallen bis über die Schultern, und die
roten Schleifchen daran stehen in
lustigem Kontrast zu dem blau-
grundigen, sommerblumigen Kleidchen.

210 **H Mürkchen** trägt ein weis-
es Taschentuch in der sommtliche
ihres hellblauen, zierblumigen
Kleidchens. Blau ist auch die Sam-
tbändchen in ihrem blonden Pony-
lockes.

211 **H Barbara** trägt ein Tirch-
tenoutfit, dessen Tuggerröckchen
und Spencerjäckchen auf grünem
Grunde lang besteht sind, wo-
ße das dazu passende Kappe, unter
der die blonden Zöpfchen hervor-
hangen.

Die Puppe VIII: *Das deutsche Kind* 52 cm groß, mit echten Härchen in beliebiger Farbe, blond, mittel- oder dunkelblond

214 **Susi** hat ein apartes rot-weiß
gestreiftes Schürzchen an, das sie
über einem blauen Kleidchen trägt
zu einer dazu passenden modernen
Kopfschnürchze, die ihre langen
blonden Locken bändigt.

217 **Bernhard** trägt zur Reise
einen eleganten zehnbraunen Mant-
tel mit gelbem Schal und hat eine
braune Schirmmütze auf den blonden Locken. Darunter hat er ein
weißes Hemd u. eine braune Hose.

219 **Veronika-Lolott** lieht stacke
Farben. Das kapuzenmäntelchen
beuchtet mit Futter und Taschen
und elegant, im Schottenmuster
abgesetzt, dazu trägt sie ein buntes
Blütenkleidchen. Sie hat blonde
Löckchen und Ponys in die Stirn
gekämmt.

220 **Florizel** und 221 **Fränze** gehen mit der neuesten Mode aus
Chresse - er in dreiviertellanger brauner Hose, aber die Busch-
bund locker fällt, und sie in kariertem angeschlossen und roten Hemd-
bläuschen. Er hat einen blonden Scheitel, und sie trägt ihre Haare lang
und offen bis weit über die Schulter, und oben auf eine kecke
schwarze Schleife.

224 **Schwesterchen**, hier ebenso
groß wie das Brüderchen auf dem
Titelbild. Sie ist genau so gekleidet
wie die Kleinere, trägt aber die
Haare in einem dichten Kranz blon-
der Locken ringo um das Köpfchen.

225 **Ellen** erscheint in zeitlicher
Eleganz. Das Kleidchen in pastell-
farbigem Schottenmuster ist mit
einem weißen Krügelchen verziert.
Die blonden offen getragenen Lock-
chen mit dem weißen seitenscheitel werden
von einem roten Band gehalten.

226 **Julchen** trägt ein Sonntagkleidchen,
das in weiten zurückkinderndem Klaus weiten
Streiten sehr sommerlich wirkt. Dazu trägt
sich ein blaues Band in den Haaren, die oben
über die Schulter fallen. Die Ponys sind zier-
tlich aus der Stirn gebürstet.